Irina Ogrodowski

Sozialpädagogische Familienhilfe bei psychisch erkrankten Eltern

Unterstützende Maßnahmen für eine gesunde Entwicklung des Kindes

AF287277

Bibliografische Information der Deutschen Nationalbibliothek:

Die Deutsche Nationalbibliothek verzeichnet diese Publikation in der Deutschen Nationalbibliografie; detaillierte bibliografische Daten sind im Internet über http://dnb.d-nb.de abrufbar.

Impressum:

Copyright © Social Plus 2021

Ein Imprint der GRIN Publishing GmbH, München

Druck und Bindung: Books on Demand GmbH, Norderstedt, Germany

Covergestaltung: GRIN Publishing GmbH

Gliederung

Zusammenfassung IV

1 Einleitung 1

2 Erziehungskompetenz 3

    2.1 Beziehungsfähigkeit 4

    2.2 Kommunikationsfähigkeit 6

    2.3 Fähigkeit zur Grenzsetzung 8

    2.4 Förderfähigkeit 9

    2.5 Vorbildfähigkeit 11

    2.6 Fähigkeit zum Alltagsmanagement 12

3 Einfluss psychischer Erkrankung auf die Erziehungskompetenz 14

    3.1 Beziehungsfähigkeit 15

    3.2 Kommunikationsfähigkeit 16

    3.3 Fähigkeit zur Grenzsetzung 18

    3.4 Förderfähigkeit 18

    3.5 Vorbildfähigkeit 20

    3.6 Fähigkeit zum Alltagsmanagement 21

4 Folgen eingeschränkter Erziehungskompetenz 24

5 SPFH – eine Maßnahme zur Stärkung der Erziehungskompetenz psychisch erkrankter Eltern 27

    5.1 Rahmenbedingungen der Sozialpädagogischen Familienhilfe 27

    5.2 Gestaltung des Hilfeprozesses 32

    5.3 Ressourcenarbeit mit psychisch erkrankten Eltern 39

    5.4 Grenzen der SPFH bei der Unterstützung psychisch erkrankter Eltern ... 49

6 Fazit 51

Literaturverzeichnis 54

Zusammenfassung

Aufgrund eines hohen Anspruchs an die Eltern bzgl. ihrer Erziehungsaufgabe und des damit verbundenen Ziels, eine gesunde Entwicklung der Kinder zu gewährleisten, ist zu deren Bewältigung elterliche Erziehungskompetenz erforderlich. Diese umfasst Fähigkeiten, die den Erziehenden einen flexiblen Umgang mit kindlichen Bedürfnissen ermöglichen. Beim Vorliegen einer psychischen Erkrankung eines bzw. beider Elternteile kann diese jedoch eingeschränkt sein und ein inadäquates Erziehungsverhalten zu Folge haben. Fehlentwicklung der Kinder sowie problematische familiäre Beziehungen sind mögliche Folgen, die besonders dann das Zusammenleben der Kinder mit ihren Eltern in Frage stellen, wenn das Kindeswohl auf Dauer nicht gewährleistet ist. Um die Bedingungen des Aufwachsens für die betroffenen Kinder in ihren Familien zu verbessern, nimmt die Jugendhilfe ihren Schutzauftrag wahr und hält für die Familien unterschiedliche Angebote bereit, zu denen auch die Sozialpädagogische Familienhilfe zählt, die zur Unterstützung der Eltern mit erzieherischem Bedarf eingeleitet wird. Diese gilt als eine geeignete Maßnahme, deren unterstützende Leistung in der Regel allen Familienmitgliedern zusteht und zum Zweck der Familienerhaltung auf die Stärkung elterlicher Erziehungskompetenz zielt.

Ziel der vorliegenden Arbeit ist, einerseits zu untersuchen, welche Einschränkungen der Erziehungskompetenz infolge einer psychischen Erkrankung eines bzw. beider Elternteile vorliegen und wie sich diese auf die kindliche Entwicklung auswirken können. Andererseits soll aufgezeigt werden, mithilfe welcher Arbeitsweisen und -prinzipien eine wirksame Stärkung der Erziehungskompetenz psychisch erkrankter Eltern erfolgt.

Schlüsselworte

Erziehungskompetenz, Eltern, psychische Erkrankungen, Entwicklung, Kindeswohlgefährdung, Sozialpädagogische Familienhilfe, Ressourcenarbeit

1 Einleitung

Elternschaft verändert das Leben eines Menschen, denn mit ihrem Beginn prägen neue Aufgaben und Herausforderungen den Familienalltag. Bereits in der Schwangerschaft stellen sich Eltern auf neue Lebensumstände ein. Um eine gesunde Entwicklung des Ungeborenen zu gewährleisten, verzichten viele Schwangere auf Konsum von Alkohol und schädlichen Medikamenten, achten auf gesunde Ernährung und versuchen Stress zu vermeiden. Nach der Geburt beschäftigen sich viele Eltern mit den Erziehungsfragen um das Kind in seiner Entwicklung angemessen begleiten zu können. Aufgrund Verschiedenartigkeit von Einstellungen sowie Voraussetzungen der Eltern hinsichtlich ihres erzieherischen Handelns unterscheiden sich entsprechend die Strategien, mit denen sie versuchen den Erziehungsalltag zu bewältigen. Nicht selten kommt es dabei vor, dass Eltern an ihre Grenzen stoßen und ihre Erziehungsaufgabe nicht mehr bewältigen können. Der Grund für das defizitäre Erziehungshandeln wird häufig mit dem Mangel an Erziehungskompetenz begründet. Kommt es deshalb zur Gefährdung einer gesunden kindlichen Entwicklung, hat es einen Eingriff der Jugendhilfe in das Familiensystem zum Zweck des Kinderschutzes zufolge. Eine psychische Erkrankung eines bzw. beider Elternteile gilt oft als Ursache für die Kindeswohlgefährdung und die zum Teil schwerwiegenden Erziehungsprobleme, deren Bearbeitung ins Aufgabengebiet der Sozialpädagogische Familienhilfe (SPFH) fällt. Ziel der Maßnahme ist dabei, elterliche Erziehungskompetenz zu stärken und somit eine angemessene Kindesentwicklung zu gewährleisten.

In der Bachelorarbeit wird zum einen unter Einbezug des vorhandenen Forschungsmaterials untersucht, wie sich eine psychische Erkrankung auf die Erziehungskompetenz sowie kindliche Entwicklung auswirken, aber auch welche Folgen durch deren Einschränkung entstehen können. Zum anderen soll aufgezeigt werden, weshalb Sozialpädagogische Familienhilfe als geeignete Unterstützung für die Zielgruppe psychisch erkrankter Eltern gilt und durch welche Maßnahmen die sozialpädagogischen FamilienhelferInnen die Erziehungskompetenz der Zielgruppe stärken.

Als erstes wird im zweiten Kapitel die Erziehungskompetenz nach Petermann & Petermann dargestellt. Diese besteht aus sechs folgenden Komponenten: Beziehungs-, Kommunikations-, Förder- und Vorbildfähigkeit sowie Fähigkeit zur Grenzsetzung und zum Alltagsmanagement. Anhand der den Fähigkeiten zugeordneten Merkmale gilt es sowohl kompetentes Erziehungshandeln zu beschreiben als auch deren Auswirkungen auf die kindliche Entwicklung aufzuzeigen, die letztendlich das Erreichen von Entwicklungszielen erleichtern.

Anschließend geht es im dritten Kapitel um die Frage nach dem Einfluss psychischer Erkrankungen der Eltern auf die im vorhergehenden Kapitel beschriebenen Fähigkeiten. Es werden dabei die meist untersuchten elterlichen Erkrankungen benannt und das damit verbundene dysfunktionale Verhalten der Eltern im Umgang mit ihren Kindern erläutert. Die Veranschaulichung des Unterschieds zwischen dem Entwicklungsfortschritte begünstigenden Erziehungsverhalten und dem, das aufgrund der Psychopathologie der Eltern eine gesunde Entwicklung hemmt, dient zum Verständnis für die Problemlage der betroffenen Familien.

Im vierten Kapitel werden die möglichen schwerwiegenden Folgen der eingeschränkten Erziehungskompetenz psychisch erkrankter Eltern verdeutlicht sowie auf die Notwendigkeit von Hilfemaßnahmen hingewiesen. Aufgrund einer stark belasteten Eltern-Kind-Beziehung sowie der ungünstigen Entwicklungschancen der in den Familien mit psychisch erkrankten Eltern lebenden Kinder ergibt sich für die Kinder- und Jugendhilfe ein Handlungsbedarf.

Schließlich erfolgt im fünften Kapitel die Vorstellung der Maßnahme SPFH, die im Auftrag des Jugendamtes eingeleitet wird. Diese findet auf der Gesetzesgrundlage statt und ist für eine bestimmte Zielgruppe – zu der auch psychisch erkrankte Eltern zählen – vorgesehen, die für den Erhalt der Hilfe Voraussetzungen zu erfüllen hat. Die Maßnahme durchläuft drei Phasen, in denen die FamilienhelferInnen durch den Einsatz verschiedener Methoden sowie die Haltung an den für die Profession der Sozialen Arbeit geltenden Arbeitsprinzipien die Familien beim Bewältigen von Problemlagen begleiten und unterstützen. Es wird aufgezeigt, welche Art der Unterstützung psychisch erkrankte Eltern durch die SPFH erfahren und weshalb diese für sie geeignet und notwendig ist, aber auch welche besonderen Umstände die Fachkräfte in der Zusammenarbeit mit der Zielgruppe zu beachten haben.

2 Erziehungskompetenz

„Kindern geht es gut, wenn Eltern ihr Elternwohl verwirklichen" (Kron-Klees
2008: 37)

Erziehung gilt als eine der elterlichen Aufgaben, die mit einem hohen Anspruch
verbunden ist. (vgl. Bodenmann 2016: 130; Fuhrer 2009: 217) Diese schließt die
Maßnahmen ein, mit denen erwachsene Personen versuchen auf die Kinder Einfluss zu nehmen um bei ihnen wünschenswerte Entwicklungseffekte zu erzielen.
Das Zustandekommen von Entwicklungseffekten wird durch die Regelmäßigkeit
sowie Dauerhaftigkeit proximaler Prozesse bestimmt, die wechselseitiges Intera-
gieren zum Beispiel zwischen Eltern und Kindern darstellen. (vgl. Schneewind
2010: 133ff.) Als erstrebenswertes Ergebnis dieser Interaktionen gilt nach sozio-
kulturellen Ansätzen der Erwerb von in der jeweiligen Kultur geschätzten Wissen
und Können (vgl. Siegler et al. 2016: 140). Außerdem halten es viele Eltern für
wichtig, dass ihre Kinder lernen, sozial kompetent und selbständig zu handeln. (vgl.
Fuhrer 2009: 161) Somit entsprechen die elterlichen Erziehungsziele denen im § 1
KJHG genannten universellen Entwicklungszielen, deren Erreichung die Heran-
wachsenden zur eigenverantwortlichen Lebensführung in einer Gemeinschaft be-
fähigen soll. (vgl. Wissenschaftliche Beirat für Familienfragen 2005: 46f.)

Kinder entwickeln sich positiv bzw. sind aus eigenem Antrieb zur aktiven Auseinandersetzung mit der sozialen Umwelt motiviert, wenn die Basisbedürfnisse nach
einem autonomen und kompetenten Handeln sowie Eingebundenheit in verlässli-
che soziale Beziehungen befriedigt sind. (vgl. Wissenschaftliche Beirat für Familienfragen 2005: 48f. / Weber 2017: 69) Dabei müssen Eltern über Erziehungskompetenz verfügen, das heißt, in der Lage sein, die Umwelt des Kindes an seine altersgemäßen Bedürfnisse optimal anzupassen (vgl. Lenz / Wiegand-Grefe 2017: 13).
Denn die mit der Erziehungskompetenz verbundenen Fähigkeiten ermöglichen
den Erziehungspersonen, sich auf die im Entwicklungsverlauf verändernden Bedürfnisse der Kinder immer wieder neu einzustellen und sie somit in ihrer Entwicklung angemessen zu begleiten. Nach Petermann & Petermann beziehen sich
diese Fähigkeiten auf die Gestaltung der das Kind betreffenden Beziehung, Kommunikation, Grenzen, Förderung, aber auch der elterlichen Vorbildfunktion sowie
des Familienalltags. (vgl. Lenz 2014: 300ff.) In den nachfolgenden Unterkapiteln
werden anhand der ihnen zugeordneten Merkmalen elterliches Verhalten sowie
seine Auswirkungen auf die kindliche Entwicklung beschrieben.

2.1 Beziehungsfähigkeit

Eltern-Kind-Beziehung weist aufgrund eines Generationsvorsprungs der Eltern und der damit verbundenen Lebenserfahrung eine Asymmetrie auf, die für das Kind in seinem Entwicklungsverlauf auf vielfältige Weise hilfreich sein kann, wenn die Erwachsenen diese sinnvoll nutzen. (vgl. Fuhrer 2009: 161) Eine angemessene Mutter-Kind-Beziehung dient als Grundlage für eine gelingende Regulation der Bedürfnisse zwischen beiden Parteien sowie unter anderem des kindlichen Bedürfnisses nach der altersabhängigen Autonomie. (vgl. Bodenmann 2016: 85) Außerdem wird die emotionale Entwicklung der Kinder durch die Qualität der Beziehung zu ihren Eltern beeinflusst. (vgl. Siegler et al. 2016: 376) Der Beziehungsfähigkeit werden folgende Merkmale zugeordnet: Fähigkeit zur Empathie und Perspektivenübernahme, Zeigen von positiven Gefühlen, Ausdruck von Zuneigung und Liebe, Vermittlung von Schutz und Geborgenheit, Fürsorglichkeit und Zuverlässigkeit. (vgl. Lenz 2014: 300)

Empathie in sozialen Beziehungen ist ein Prozess, in dem es einer Person gelingt, die Gefühle der Anderen wahrzunehmen und diese ihrem aktuellen Gefühlszustand entsprechend zu beschreiben. Dazu gehört ebenso Verständnis für die Hintergründe des Gefühlsausbruchs sowie Möglichkeiten der Veränderung der Befindlichkeit. Das Mitfühlen wird vor allem durch Ausblenden normativer und wertender Aspekte ermöglicht, wobei die Abgrenzung des eigenen Gefühlserlebens von dem des Gegenübers erfolgt. Empathische Personen können außerdem bedrohliche Gefühle erkennen und aus Rücksichtnahme deren Ansprache unterlassen. (vgl. Riedel 2008: 13) Demzufolge werden empathische Eltern, wenn ihr Kind traurig ist, sein Gefühl richtig deuten sowie versuchen die Ursache für dieses zu verstehen. Ihre Mimik entspricht dabei dem kindlichen Gefühlszustand, den sie akzeptieren und benennen. Das Kind erhält Trost, indem es beispielsweise umarmt wird, da die Eltern wissen, dass eine Umarmung beruhigend wirken kann.

Perspektivenübernahme gilt als ein Teilaspekt der Empathie, der einen Vorgang beschreibt, in dem das Spiegeln von Gefühlen vernachlässigt wird und ausschließlich die weitgehende Erfassung der Sichtweise, des Erfahrungswissens sowie des Gefühlszustandes eines Menschen erfolgt. (vgl. Riedel 2008: 38f.) Das heißt, Perspektivenübernahme ermöglicht den Eltern festzustellen, dass die Kleinkinder im Straßenverkehr auf die Begleitung durch Erwachsene angewiesen sind, da sie aufgrund ihres Alters die Gefahrensituationen noch nicht erkennen können.

Zeigen von positiven Gefühlen von Seiten der Eltern führt meist zu einem wechsel-seitigen Austausch dieser zwischen der Mutter bzw. dem Vater und dem Kind, durch den die Eltern-Kind-Beziehung gestärkt wird. Denn bereits Säuglinge im Al-ter von sieben Monaten reagieren auf die von den Eltern gezeigte Freude meist ver-gnügt und fördern somit elterliches Fürsorgeverhalten sowie Interesse an den ge-meinsamen Interaktionen. (vgl. Siegler et al. 2016: 358) Außerdem wirkt sich der Ausdruck überwiegend positiver Gefühle in der Familie günstig auf kindliche sozi-ale Kompetenzen aus. (vgl. Siegler et al. 2016: 376)

Elterliche *Liebe* äußert sich in bedingungsloser Annahme des Kindes sowie vor al-lem in den ersten Lebensjahren mittels Befriedigung aller seiner Bedürfnisse bei minimaler Anforderungen. Eltern zeigen Interesse für kindliche Lebenswelt und drücken ihre Gefühle, die das Kind in ihnen auslöst, durch Körperkontakt, Mimik und Sprache offen aus, jedoch nur dann wenn die Zuwendung auch vom Kind er-wünscht und akzeptiert wird. (vgl.Tschöpe-Scheffler 2009: 67f.; Wolf 2012: 20) Ein Kind, das elterliche *Zuneigung* erlebt, das heißt, in den Arm genommen wird sowie von den Eltern hört, dass diese es lieb haben, bemüht sich seinerseits auf deren Anforderungen zu achten, indem es beispielsweise versucht unerwünschtes Ver-halten zu unterlassen. (vgl. Weber 2017: 66) Außerdem wirkt sich das durch die Eltern vermittelte Gefühl liebenswert zu sein positiv auf den Selbstwert der Kinder aus, da sie auf die Weise ein positives Selbstbild verinnerlichen. (vgl. Siegler et al. 2016: 426)

Weiterhin vermitteln Eltern dem Kind durch den Ausdruck von Zuneigung *Gebor-genheit und Schutz* sowie ihre Nähe und Verlässlichkeit. (vgl. Fuhrer 2009: 193f.) Besonders bei Belastung lässt der Erregungszustand nach, wenn sich die Kinder geschützt fühlen. (vgl. Ziegenhain / Deneke 2014: 15) Aufgrund der empfundenen Sicherheit sind die Kinder motiviert, eigenständig die Welt zu erforschen. (vgl. Schneewind 2010: 121)

Zuverlässig und fürsorglich sind feinfühlige bzw. sensitive Eltern, die einen Ver-trauen fördernden Umgang mit ihrem Kind pflegen, bei dem kindliche Signale rechtzeitig wahrgenommen, aber auch ihnen zugrunde liegende Bedürfnisse er-kannt und angemessen befriedigt werden. (vgl. Lohaus / Vierhaus 2013: 97) Be-sonders ein Säugling wird deshalb andauernd beaufsichtigt, damit auf seine Be-dürfnisäußerung prompte Reaktion erfolgen kann, die ihm einerseits ermöglicht, das eigene Empfinden bzw. Verhalten mit dieser zu verbinden und auf die Weise eigene Selbstwirksamkeit zu erfahren. (vgl. Lenz 2014: 192; Bodenmann 2016: 121f.) Andererseits kann somit sein durch Unwohlsein verursachtes

Angstempfinden beendet werden. Vertrauen an die Fürsorglichkeit der Eltern trägt zur Ausbildung einer sicheren Bindung bei, die eine wichtige Ressource für kindliche Entwicklung im emotionalen sowie psychosozialen Bereich darstellt. (Plattner 2017: 21f.) Später bezieht sich elterliche Fürsorge auf die Informiertheit über die sozialen Kontakte, das Schulleben und die Freizeit betreffenden Aktivitäten sowie die Aufenthaltsorte ihrer Kinder, um die Qualität der kindlichen Sozialbeziehungen sichern zu können. (vgl. Fuhrer 2009: 232; Schneewind 2010: 193; Weber 2017: 53)

2.2 Kommunikationsfähigkeit

Kommunikation bzw. Informationsaustausch ist wichtig um persönliche Beziehungen entwickeln und erhalten zu können, denn dadurch wird Zugehörigkeit erlebt. (vgl. Schneewind 2010: 29) Verwendung von offenen Kommunikationsmustern sowie Zeigen von Gefühlen in sozialen Interaktionen gelingt den sicher gebundenen Kindern und Erwachsenen am besten (vgl. Gloger-Tippelt 2007: 162). Das wechselseitige Verstehen in der Kommunikation und die damit verbundene Bezogenheit der Kommunikationspartner auf dieselben Inhalte sowie gegenseitiges Reagieren auf Äußerungen bildet die Basis für wirksames Lehren und Lernen. (vgl. Siegler et al. 2016: 142) Kommunikationsfähig sind Eltern, die ihren Kindern zuhören, mit ihnen reden und erzählen, sie beobachten und angemessen auffordern sowie angemessen verbal und nonverbal reagieren. (vgl. Lenz 2014: 300)

Durch aufmerksames *Zuhören* wird eine offene und unterstützende Gesprächsgrundlage geschaffen und der Erzähler fühlt sich wertgeschätzt. Der Zuhörer kann passiv jedoch konzentriert an dem Gespräch teilnehmen, sodass überwiegend einseitiges Erzählen des Gegenübers erfolgt. Eine andere Art des Zuhörens wird als aktiv bezeichnet, wobei der Zuhörende meist das Erzählte in eignen Worten wiedergibt, um somit Entstehung von Missverständnissen zu vermeiden und anschließend seine Meinung zu diesem äußert. Aktiv zuhörende Eltern bieten auf die Weise Unterstützung bei der Problemidentifikation sowie -lösung, da es dem Kind ermöglicht, die eigene Gefühlslage zu erkennen und Gedanken zu formulieren. (vgl. Wustmann 2015: 137f.)

Miteinander Reden trägt zum gelingenden Familienleben bei und fördert Eigenständigkeit der Kinder, da sie sich in den Konfliktsituationen bei der Suche nach Kompromissen beteiligen, anstatt den elterlichen Befehlen gehorsam zu folgen. Eltern lassen sich auf Verhandlungen ein, in denen sie ihre Entscheidungen begründen und somit vor allem den älteren Kindern das Gefühl vermitteln ernst genommen zu werden. (vgl. Fuhrer 2009: 160f.) Weiterhin können Kinder den Schulalltag erfolgreicher bewältigen, wenn Eltern mit ihnen über ihre schulischen Erfahrungen reden. Das Besprechen von Lerninhalten sowie Erklärung deren Relevanz für die Alltagspraxis kann das kindliche Interesse für diese steigern. (vgl. Fuhrer 2009: 274)

Eltern, die ihren Kindern bereits in der frühen Kindheit häufig Geschichten bzw. von vergangenen Ereignissen *erzählen*, aber auch deren Erzählungen aufmerksam zuhören, verbessern ihre Gedächtnisleistung im Vorschulalter und erleichtern ihnen später den Erwerb der Lesefähigkeit. (vgl. Siegler et al. 2016: 637; Lohaus / Vierhaus 2013: 90) Wichtig sind weiterhin Gespräche über Auslöser und Folgen von Emotionen, durch die Kinder lernen, Gefühle anderer zu erkennen und nachzuempfinden, was zur Entwicklung ihrer Kooperationsfähigkeit in sozialen Beziehungen beiträgt. (vgl. Lohaus /Vierhaus 2013: 150)

Beobachten geht einer beginnenden Kommunikation voraus, die an wahrgenommene Signale wie Mimik, Gestik sowie sprachliche Äußerungen (vgl. Rupprecht 2014: 349f.) anknüpft. Genaues Beschreiben des beobachteten kindlichen Verhaltens statt dessen Bewertung kann den Eltern die Kontaktaufnahme mit dem Kind erleichtern, um die sein Verhalten auslösenden Gefühle und Gedanken zu erkunden. (vgl. Friedrich 2012: 53) Von großer Bedeutung ist dabei ebenfalls die *Beobachtung* eigener Reaktionen auf Mitteilungen der Kinder, die zur Vermeidung der ein offenes Gespräch verhindernden Handlungen dient. (vgl. Fuhrer 2009: 232)

Besonders im Falle eines als negativ bewerteten Verhaltens äußert sich ein *angemessenes Auffordern* vor allem in Verwendung von Ich-Botschaften, die im Gegensatz zu Du-Botschaften die Abwertung der Person vermeiden und zum Zweck haben, das Kind über die Auswirkungen seines Verhaltens auf die Mitmenschen zu informieren. Diese Vorgehensweise ist ebenfalls der Inhalt eines konstruktiven Kritisierens, bei dem das zu verbessernde Verhalten thematisiert und anschließend alternative Verhaltensweisen vorgeschlagen werden, um zu bewirken, dass das Kind neue Handlungsstrategien erlernt. (vgl. Wustmann 2015: 138)

Angemessenes verbales und nonverbales Reagieren zeigt sich im kongruenten Gesprächsverhalten, indem v. a. die Übereinstimmung der Kombination des Gesprochenen mit der Tonlage, Gestik und Mimik vorhanden ist. (vgl. Wustmann 2015: 137)

Außerdem wird ein vor allem negatives Gefühlserleben der Kinder nicht in Frage gestellt, sondern werden die damit verbundenen Gefühle sowie das diese auslösende Ereignis, aber auch mögliche Strategien zur Emotionsregulation besprochen. (vgl. Ulrich / Petermann 2017: 135)

2.3 Fähigkeit zur Grenzsetzung

Mit der Grenzsetzung wird beabsichtigt, Kinder, denen es an Einsicht mangelt, vor bestimmten Erfahrungen sowie Handlungen sowohl zu ihrem eigenen Schutz als auch zu dem der Anderen fern- bzw. abzuhalten. Das geregelte Zusammenleben trägt zum Wohlbefinden aller Familienmitglieder bei, da es Orientierung und Halt gebend ist, aber auch ein Würde bewahrendes Miteinander ermöglicht. (vgl. Fuhrer 2009: 205) Kompetentes Setzen von Grenzen gelingt Eltern durch Treffen von Absprachen, Formulieren eindeutiger Regeln, Konsequentes Handeln sowie Realisieren von Konsequenzen, aber auch Meiden von positiver sowie negativer Verstärkung eines unangemessenen Verhaltens des Kindes. (vgl. Lenz 2014: 300)

Eltern treffen gemeinsam mit ihren Kindern unter Berücksichtigung ihres Entwicklungsstandes *Absprachen*, die im Familienalltag von allen Beteiligten umgesetzt werden (vgl. Bodenmann 2016: 271). Infolge ihrer Mitwirkung sowohl beim Aufstellen von Regeln als auch beim Festlegen der mit deren Nichteinhaltung verbundenen Konsequenzen steigt einerseits die Bereitschaft der Kinder, diese zu akzeptieren. (vgl. Tschöpe-Scheffler 2009: 76) Andererseits wird das kindliche Bedürfnis nach Autonomie respektiert und der Eindruck, fremdbestimmt zu sein, verringert und somit zur Entwicklung eines positiven Selbstwertgefühls beigetragen. (vgl. Fuhrer 2009: 207)

Durch *Formulierung eindeutiger Regeln* teilen Eltern ihren Kindern mit, welches Verhalten sie von ihnen erwarten und schaffen somit die Grundlage für die Regelakzeptanz auch in außerfamiliären sozialen Interaktionen. (vgl. Weber 2017: 54) Dabei ist es zwar wichtig den Kindern Hintergründe der Forderungen zu erläutern, damit sie diese nicht nur verstehen, sondern auch ihr Wissen über die Umweltbedingungen und Sichtweisen anderer erweitern. (vgl. Friedrich 2012: 79f.) Jedoch muss in manchen Fällen das Regelbefolgen auch beim fehlenden Verständnis der Kinder vorausgesetzt werden. (vgl. Fuhrer 2009: 207) Besonders ein geregeltes Medienkonsumverhalten der Kinder verhindert das Konsumieren von nicht altersgerechten Medieninhalten sowie Medienabhängigkeit und somit die negativen Folgen für die kindliche Entwicklung. (vgl. Bodenmann 2016: 149f.)

Konsequent handelnde Eltern bleiben ihren Entscheidungen treu und erleichtern den Kindern diese ernstzunehmen. (vgl. Fuhrer 2009: 207) Im Falle von Missachtung vereinbarter Regeln werden von Seiten der Eltern *Konsequenzen realisiert*, die den Kindern bekannt bzw. für sie nachvollziehbar sind und in der Regel den Verzicht auf Privilegien bedeuten. (vgl. Weber 2017: 54) Anders formuliert reagieren Eltern mit der Wegnahme einer positiven Konsequenz (Privilegien), die eine Form von Bestrafung darstellt, durch die die Auftretenswahrscheinlichkeit eines Fehlverhaltens verringert wird. (vgl. Lohaus / Vierhaus 2013: 18)

Dagegen steigt diese, wenn nach dem unangemessenen Verhalten eine *positive sowie negative Verstärkung* erfolgt, die sich im Zurückziehen von Entscheidungen infolge des kindlichen Widerstands äußert und auf das Kind als Belohnung trotz seines Fehlverhaltens wirkt. (ebd.)

2.4 Förderfähigkeit

Förderung kann zum einen die Entwicklung der Sprache, Kognition und Motorik zum Ziel haben, indem Eltern für Lerngelegenheiten sorgen. (vgl. Wild / Hollmann 2018: 101) Anderseits können die Kinder in der sozialen und emotionalen Entwicklung gefördert werden (vgl. Petersen et al. 2017: 147). Qualität der elterlichen Vermittlung des kulturellen Kapitals sowie der von ihnen vertretenen Werte bestimmt unter anderem den Erfolg bzw. Misserfolg der kindlichen Bewältigung der schulischen Anforderungen. (vgl. Müller et al. 2010: 30) Eltern stellen Lernangebote bereit bzw. ermöglichen ihrem Nachwuchs zu erkunden und zu lernen. (vgl. Ziegenhain / Deneke 2014: 16) Durch ihre Fördertätigkeit haben die Kinder bessere Chancen zunehmend eigenständiger zu handeln. (vgl. Fuhrer 2009: 106) Diese ist für die Eltern charakteristisch, die ihre Kinder unterstützen und ermutigen, bekräftigen und positiv verstärken, aber auch in der Lage sind, Anforderungen zu setzen sowie Aufgaben und Verantwortung zu übertragen. (vgl. Lenz 2014: 301)

Unterstützung dient zur Steigerung des aktuellen Kompetenzniveaus des Kindes durch Aufbau von neuem Wissen und neuen Fertigkeiten, indem das Kind bei neuen Aufgaben zunächst angeleitet wird, um diese später eigenständig bewältigen zu können. (vgl. Fuhrer 2009: 81) In Bezug auf die Entwicklung der Sprache wird der Lernprozess einerseits durch die Erläuterung dessen, was die Kinder gerade sehen, unterstützt, um ihnen die Bezeichnung der Objekte zu vermitteln. Andererseits verwenden Eltern eine dem kindlichen Entwicklungsstand angepasste Sprechweise (Verkürzen, Intonation und häufigeres Wiederholen), die dem Kind ermöglicht, sprachliche Elemente leichter zu identifizieren. (vgl. Lohaus / Vierhaus

2013: 163) Die Fähigkeit der Kleinkinder zusammenhängend über vergangene Er- eignisse zu erzählen, kann ebenfalls gefördert werden, indem Eltern sie durch ela- borierende Fragen zum Nachdenken über das Geschehen motivieren sowie ihnen helfen die Grundstruktur einer Geschichte zu verstehen. (vgl. Siegler et al. 2016: 223)

Weiterhin unterstützen Eltern ihre Kinder bei der Entwicklung von Sozialkompe- tenz und zeigen ihnen dabei mögliche Bewältigungsstrategien zur Emotionsregu- lation auf. (vgl. Bodenmann 2016: 121f.) Beruhigung und Ablenkung durch Eltern hilft vor allem Säuglingen ihre Frustrationen leichter zu bewältigen, besonders wenn Eltern zu ihnen Blickkontakt halten, sie auf den Arm nehmen, zu ihnen be- ruhigend sprechen oder versuchen ihre Aufmerksamkeit von den Angst auslösen- den Reizen umzulenken. So gelingt es den Kindern bereits in den ersten Lebensjah- ren immer besser, z. B. durch Spielen sich von negativen Gefühlen abzulenken. (vgl. Siegler et al. 2016: 366f.)

Weiterhin helfen Eltern ihren Kindern einerseits, Verhaltensweisen auszubilden wie Beachten des Gruppengeschehens, um sich erfolgreicher den Gleichaltrigen- gruppen anschließen zu können. Andererseits bewirken sie durch Einüben des Umgangs mit Gefühlen, dass ihr Nachwuchs auf Provokationen eines Gegners ge- lassener reagiert. (vgl. Siegler et al. 2016: 512)

Durch *Ermutigung* motivieren Eltern ihre Kinder zur Kooperation bzw. zum eigen- ständigen Handeln z. B. beim Lösen eines Problem und schaffen somit Raum für positive Lernerfahrungen. (vgl. Schneewind / Böhmert 2008: 71) Wird von den El- tern angestrebt, dass ihre Kinder ein bestimmtes Verhalten zeigen, können sie ihr Ziel durch *positive Verstärkung* erreichen. Diese erfolgt mithilfe von positiven Ver- stärkern wie Geschenken, positiven verbalen und nonverbalen Ausdrücken, vom Kind erwünschten Aktivitäten sowie Bestätigung der Zielerreichung. (vgl. Edel- mann / Wittmann 2012: 77f.) Positive Reaktionen beantworten das kindliche Be- dürfnis nach Anerkennung und tragen dadurch zur Entwicklung eines positiven Selbstbildes bei. (vgl. Wolf 2012: 20) Durch *Setzen von Anforderungen* wird es den Kindern ermöglicht, ihre Selbständigkeit sowie Interessen zu entfalten. (vgl. Fuhrer 2009: 251) Dabei ist beim *Übertragen von Aufgaben und Verantwortung* sinnvoll, diese vorher zu erläutern sowie Bewältigungsstrategien für deren anspruchsvollen Anteile, aber auch Vorschläge für die weiteren Abläufe anzubieten. (Siegler et al. 2016: 630) Außerdem geht es in dem Fall um Vermeidung unnötiger Hilfe, um dem Kind Möglichkeit zum Erproben seiner bereits erworbenen Fähigkeiten und somit zur Entwicklung von Autonomie zu geben. (vgl. Fuhrer 2009: 84)

2.5 Vorbildfähigkeit

Bereits im Alter von 18 Monaten können die Kleinkinder das Verhalten anderer Menschen nachahmen. (vgl. Siegler et al. 2016: 124) Laut sozialen Lerntheorien gilt die Imitation der beobachteten Verhaltensweisen als schnellste und wirksamste Lernmethode, wobei die Beobachtung des innerfamiliären Umgangs miteinander am einflussreichsten ist. (vgl. Siegler et al. 2016: 324; Bodenmann 2016: 89) Deshalb besteht für die Kinder eine Möglichkeit zum Erlernen eines sozial angemessenen Verhaltens am elterlichen Modell, das für das kindliche Verständnis in Hinblick auf angemessene und effektive Formen des Emotionsausdrucks in sozialen Beziehungen prägend ist. (vgl. Lohaus / Vierhaus 2013: 199; Siegler et al. 2016: 366) Dafür müssen Eltern in der Lage sein, Selbstdisziplin sowie Selbstkontrolle besonders bei negativen Emotionen, aber auch Impulskontrolle zu zeigen und eigenes Handeln zu reflektieren. (vgl. Lenz 2014: 301)

Zeigen von Selbstdisziplin bedeutet, dass zum Erreichen der geplanten Ziele immer wieder die dafür notwendigen Handlungen ausgeführt werden, wobei gleichzeitig auf Befriedigung von Bedürfnissen, die die Zielerreichung verhindern, verzichtet wird. (vgl. Baumeister / Tierney 2012: 244) Dafür sind Kompetenzen zur Selbstregulation erforderlich, mit denen das Verhalten beeinflussbar wird, indem die für die Zielerreichung notwendigen Aktivitäten ausgeführt und Ablenkungen überwunden werden. (vgl. Brandstädter 2011: 178f.)

Selbstkontrolle besonders bei negativen Emotionen wie Ärger und Wut zeigen Eltern dann, wenn sie eine Eskalation eines Konflikts trotz ihrer Erregtheit verhindern, indem sie das Gespräch abbrechen und vereinbaren dieses zum späteren Zeitpunkt fortzuführen. (vgl. Schneewind / Böhmert 2016: 74) Zur Regulation von unerwünschten Emotionen erweist sich die Strategie Neubewertung am günstigsten, da Eltern durch das Umdeuten des kindlichen Verhaltens einer Überreaktion entgegenwirken. (vgl. Ulrich / Petermann 2017: 141) Ebenfalls kann Regulation des Affektausdrucks zur Steigerung positiver und Minderung negativer Gefühle beitragen. (vgl. Brandstädter 2011: 183) Für die gelingende Selbstkontrolle ist die Fähigkeit zur *Impulskontrolle* unabdingbar, d. h. die durch emotionales Erleben ausgelösten Impulse können durch Betroffene begrenzt bzw. beherrscht werden. (vgl. Wissenschaftliche Beirat für Familienfragen 2005: 45)

Zum Zweck der Suche nach passenden Handlungsstrategien sowie neuen Sichtweisen in einer Konfliktsituation findet *Reflexion des eigenen Handelns* statt und veranlasst zur kritischen Auseinandersetzung mit eigenen Überzeugungen, die

Voraussetzungen für die Problementstehung schaffen. Darüber hinaus erfordert diese einer Problemdefinition, einer kritischen Betrachtung der eigenen Sichtweisen sowie den von KonfliktpartnerInnen, aber auch einer Überprüfung der durch biografisches Lernen bedingten Vorannahmen, die eine Problemdefinition ermöglichen sollen. (vgl. Michalek 2015: 145-149) Auf die Weise werden die negativen Erziehungserfahrungen der Eltern zu Optimierungszwecken des eigenen Erziehungshandelns verarbeitet, sodass bspw. immer mehr Eltern sich für einen partnerschaftlichen Umgang mit ihren Kindern entscheiden, bei dem kindliche Bedürfnisse fokussiert werden. (vgl. Heitmann 2013: 41)

2.6 Fähigkeit zum Alltagsmanagement

Im Familienalltag stehen Eltern vor Aufgaben, einerseits ihre eigenen Interessen mit denen ihrer Kinder zu vereinbaren, andererseits gesellschaftlichen Anforderungen gerecht zu werden. (vgl. Wissenschaftliche Beirat für Familienfragen 2005: 38f.) Ein funktionales Familienleben, in dem das Wohlbefinden der Familienmitglieder gesichert ist, zeichnet sich durch deren Fähigkeit aus, die individuellen sowie kollektiven Bedürfnisse zu erkennen und diese gemeinsam bzw. eigenständig zufrieden zu stellen. (vgl. Weinert Portmann 2009: 143) Fähigkeit zum Alltagsmanagement äußert sich dabei im elterlichen Können, Versorgungs- und Pflegeleistungen zu erbringen, den Haushalt, das Familienleben sowie den Alltag zu organisieren und zu strukturieren, aber auch auf die Einführung sowie Einhaltung familiärer Rituale zu achten. (vgl. Lenz 2014: 301)

Während die Mütter weiterhin stärker in die *Versorgung* der Kinder eingebunden sind, geht die Mehrzahl der Väter einer Vollzeitbeschäftigung nach um die finanzielle Absicherung der Familie zu gewährleisten. (vgl. Schmuhl 2016: 25) Versorgung der Kinder bezieht sich vor allem auf Aktivitäten der Eltern zur Erhaltung der kindlichen Gesundheit durch die Befriedigung der physischen Bedürfnisse (vgl. Winkler 2012: 35) wie der nach Nahrung, Wärme und Erholung, die als Voraussetzung für die Entwicklung der weiteren bspw. nach Zugehörigkeit gelten (vgl. Wolf 2012: 33). Säuglinge sind dabei im besonderen Maße auf die *Pflegeleistungen* der Eltern angewiesen. (vgl. Plattner 2017: 58) Jedoch sind mittlerweile immer mehr Mütter berufstätig und haben gleichzeitig die Verantwortung für die Kinderbetreuung und -pflege sowie die *Organisation des Haushalts*, wodurch ihnen einerseits die Zeit zu Regeneration fehlt. (vgl. Fuhrer, U. 2009: 147) Andererseits kann die Erwerbstätigkeit nicht nur einen Ausgleich zur Familienarbeit darstellen, sondern auch dazu führen, dass sich auch die Väter an dieser beteiligen und die Mütter somit entlasten.

(vgl. Wissenschaftliche Beirat für Familienfragen 2005: 81f.) Auch der aktuellen Entwicklung geschlechtsbezogener Rollenverteilung zufolge kommt es immer mehr zu Auflösung der traditionellen Aufgabenzuordnung, wobei sich beide Geschlechter auf neue Lernprozesse einlassen müssen, um sowohl im familiären als auch beruflichen Bereich kompetent handeln zu können. (vgl. Schmidtchen 2007: 660)

Für die *Organisation des Familienalltags* sind Alltagskompetenzen notwendig, die sich auf Themenbereiche wie Umgang mit Geld und Konsum bzw. Medienkonsum, Aufgaben wie Einkauf und Essenszubereitung sowie Wissen um gesunde Lebensführung beziehen und darüber hinaus ein zufriedenstellendes Zusammenleben ermöglichen sollen. (vgl. Xyländer 2014: 37f.) Neben gemeinsamen familiären Aktivitäten, die sich positiv auf kindliches Wohlbefinden auswirken (vgl. Fuhrer 2009: 117), können für das Familienleben auch soziale Netzwerke bereichernd sein, deren Gestaltung von Seiten der Eltern erfolgt, indem sie sowohl die eigenen außerfamiliären Beziehungen pflegen als auch soziale Kontakte ihres Nachwuchses anbahnen. (vgl. Wissenschaftliche Beirat für Familienfragen 2005: 85f.) Eltern organisieren für ihre Kinder bereits im Kindergartenalter beaufsichtigte Treffen mit Gleichaltrigen (vgl. Siegler et al. 2016: 512). Neben Freizeitaktivitäten in der Nachbarschaft, die die Kinder im Schulalter eigenständig erreichen können und dürfen (ebd.), gehen sie auch solchen nach, die an Orten stattfinden, zu denen sie von ihren Eltern gefahren werden. (vgl. Fuhrer 2009: 99)

Struktur im Alltag sorgt für Transparenz der Abläufe des Tages oder der Woche, in denen die Zuständigkeiten für alltägliche Aufgaben klar geregelt und deshalb Orientierung gebend sind. (vgl. Wolf 2012: 34) Dabei sind *Rituale* zum Beispiel gemeinsame Mahl- und Spielzeiten, aber auch andere wiederkehrende Handlungen des Alltags, die von den Familienmitgliedern und v. a. den Kindern als wichtige, Sicherheit gebende Ereignisse erlebt werden. (vgl. Friedrich 2012: 91f.; Winkler 2012: 89) Sie gehören zum Familienleben und können ebenfalls in Form von gemeinsamen Festen und -feiern erfolgen, die ihrerseits Veränderungen im familiären Zusammenhang markieren. (vgl. Audehm et al. 2007: 424) Mit den veränderten Aufgaben ergeben sich für die Familien neue Herausforderungen, deren Bewältigung Möglichkeit zur Veränderbarkeit von Familienstruktur erfordert um v. a. fortwährend das Gleichgewicht zwischen Individuation jedes einzelnen Familienmitglieds und seiner Zugehörigkeit zum familiären System zu gewährleisten. (vgl. Helming et al. 1998: 282)

3 Einfluss psychischer Erkrankung auf die Erziehungskompetenz

„Kindern geht es eher schlecht, wenn Eltern ihr Elternwohl vernachlässigen" (Kron-Klees 2008: 37)

Viele psychisch erkrankte Menschen erleben die sonst als normal geltenden Gefühle in extremer Form und zeigen dadurch Symptome, anhand deren psychische Erkrankungen diagnostiziert und somit behandelt werden können. (vgl. Gazzaniga et al. 2017: 808) So sind bspw. bei Menschen mit Persönlichkeitsstörungen die von den Meisten als gewöhnlich erachteten Charakterzüge in einem verstärkten Ausmaß ausgeprägt. (vgl. Pretis / Dimova 2016: 171) Aber auch ist bei einer Depression die Störung der Stimmung zu beobachten, aufgrund dieser sich die Betroffenen dauerhaft in einem Zustand einer verzweifelten Traurigkeit befinden. (vgl. Schone / Wagenblass 2006: 34) Im Prozess der Entstehung sowie des Fortbestandes einer psychischen Erkrankung, die auch als psychische Störung genannt wird, gilt das Zusammenwirken von persönlichen Merkmalen und Umwelteinflüssen als entscheidend. (vgl. Rehder 2016: 20)

Über die Häufigkeit der Elternschaften psychisch erkrankter Menschen gibt es zwar keine genauen Angaben, sicher ist es aber, dass diese auch oft Eltern sind. Nach Angaben der WHO werden mehr als drei Millionen Kinder – auf ein Jahr verteilt – mit elterlicher Symptomatik konfrontiert, die zum Teil mit erheblichen Risiken für deren Entwicklung verbunden ist. (vgl. Jungbauer 2016: 9f.) Die Schwere der kindlichen Belastungen hängt von der Art und dem Verlauf psychischer Erkrankung ab, wobei es beim Vorliegen einer Borderline-Persönlichkeitsstörung (BPS) eines Elternteils bzw. beim Krankheitsleiden beider Eltern zu besonders folgenreichen Auswirkungen im Hinblick auf das Befinden des Nachwuchses kommt. (vgl. Rehder 2013: 36) Klinischen Untersuchungen zu Folge sind die an Schizophrenie erkrankten Patienten am seltensten Eltern. (vgl. Jungbauer 2016: 19f.) Mit ca. 23% bilden sie zwar die kleinste Gruppe, gehören jedoch nach Diagnosen wie Depressionen (ca. 36%) und Persönlichkeitsstörungen (ca. 26%) zu den häufigsten Erkrankungen, aufgrund deren Eltern mit minderjährigen Kindern psychiatrisch behandelt werden. (vgl. Schmuhl 2016: 39)

Psychische Erkrankungen, die mit Störungen im Denken, Erleben und Verhalten einhergehen, gelten häufig als Ursache für eingeschränkte Erziehungskompetenz und dysfunktionales Erziehungsverhalten. (vgl. Heitmann 2013: 11; Bodenmann 2016: 265f.) Auch ist die Wahrscheinlichkeit bei psychisch erkrankten Eltern höher, dass sie Defizite in ihrer Fähigkeit zur angemessenen und flexiblen Reaktion auf kindliche Bedürfnisse aufweisen und somit die Entwicklung von psychischen Störungen bei ihren Kinder begünstigen. (vgl. Plass /Wiegand-Grefe 2012: 40)

3.1 Beziehungsfähigkeit

Psychische Erkrankungen der Eltern kann sich ungünstig auf die Eltern-Kind-Beziehung auswirken (vgl. Bodenmann 2016: 97). Die Beschäftigung mit eigenen Problemen sowie Vorrang eigener Bedürfnisse erschwert bzw. verunmöglicht es den psychisch erkrankten Eltern ihre Aufmerksamkeit auf die Befindlichkeit ihrer Kinder auszurichten. (vgl. Schrappe 2018: 43)

„Schon damals, wenn es mir richtig schlecht ging, hat meine Tochter sich sorgend um mich gekümmert, mir Essen gemacht, mich getröstet.", berichtet eine manisch-depressive Mutter. (vgl. Plass /Wiegand-Grefe 2012: 16f.)

Diese Aussage verdeutlicht die häufig vorgefundene Gegebenheit, dass es in der Eltern-Kind-Beziehung mit einem psychisch erkranken Elternteil zu einer Störung der zu seinen Gunsten erforderlichen Asymmetrie in Bezug auf emotionale Sorge kommen kann, sodass die Elternrolle vom Kind übernommen wird bzw. dessen Parentifizierung stattfindet, in deren Folge es sich für das seelische Wohlbefinden des/der Erkrankten sorgt. (vgl. Lenz / Wiegand-Grefe 2017: 4; Plass /Wiegand-Grefe 2012: 29; Wolf 2012: 124) Durch die von Kindern erlebte Passivität und Traurigkeit ihrer depressiven Eltern werden sie zu einem Verhalten veranlasst, mit dem sie versuchen ihre Eltern aufzuheitern (vgl. Plattner 2017: 42). Auch die Mütter mit BPS, die aufgrund traumatischer Beziehungserfahrungen meist die Nähe vermeiden bzw. die Annäherungsbestrebungen ihrer Kinder zu unterbinden versuchen, lassen diese jedoch zur Befriedigung eigener Bedürfnisse z. B. nach Trost oder Unterhaltung zu. (vgl. Ziegenhain / Deneke 2014: 32)

Im Umgang mit Säuglingen und Kleinkindern verhalten sich die an einer Depression erkrankten Mütter weniger feinfühlig, da sie kindliche Signale nicht immer wahrnehmen bzw. rechtzeitig darauf reagieren und ihnen selten gelingt sich in die Bedürfnisse ihrer Kinder einzufühlen. (vgl. Plass / Wiegand-Grefe 2012: 61) Der für das kindliche Sicherheitsbedürfnis wichtige Blick- sowie Körperkontakt (Kap. 2.1.) wird ebenfalls seltener gezeigt. (vgl. Jungbauer 2016: 12) Auch die für psychisch erkrankte Eltern charakteristische Vernachlässigung des emotionalen Austauschs erschwert es den Kindern, sich sicher zu fühlen und Vertrauen zu entwickeln. (vgl. Lenz 2014: 47f.) In den manischen Phasen kann es aufseiten der psychisch erkrankten Eltern zu Überschätzung der eigenen Fähigkeiten und somit zum riskanten Verhalten, z. B. zur Fahrlässigkeit im Straßenverkehr, kommen, sodass auch in dem Fall eine Missachtung des kindlichen Bedürfnisses nach Schutz erfolgt.

Trotz mangelnder Fürsorgeleistungen lieben die meisten psychisch erkrankten Eltern ihre Kinder, haben jedoch meist Schwierigkeiten, ihrer Zuneigung einen emotionalen Ausdruck zu geben, sind aber auch von kindlichen Gefühlen schnell überfordert, da sie sich vor allem infolge einer Depression in einem dauerhaften Erschöpfungszustand befinden. (vgl. Plattner 2017: 43ff.) Manche Eltern mit schweren Depressionen und paranoiden Psychosen sind jedoch nicht in der Lage ihre Kinder wertzuschätzen und respektvoll zu behandeln, sondern erleben diese als lästig und böse (vgl. Lenz 2014: 50). Eltern mit BPS neigen dazu, kindliche Bedürfnisse falsch zu interpretieren und erleben daraufhin bspw. ein den Hunger oder Durst signalisierendes Weinen eines Säuglings als seinerseits gegen sie gerichtete Aktion, der sie mit Aggression begegnen (vgl. Plattner 2017: 91). Das Vorherrschen negativer Gefühle, wie häufiger Ausdruck von Feindseligkeit, hat zu Folge, dass die Kinder über mangelnde Sozialkompetenzen verfügen und ebenso vermehrt negative Gefühle erleben und zeigen. (vgl. Siegler et al. 2016: 377)

Auch kann es den Kindern an Vertrauen in soziale Beziehungen mangeln, wenn sie einen immer wieder auftretenden sowie ihnen als unerklärbar und bedrohlich erscheinenden raschen Wechsel im Erleben und Verhalten ihrer psychisch erkrankten Eltern erfahren, der dem Aufbau einer stabilen Eltern-Kind-Beziehung entgegenwirkt. (vgl. Riedel 2008: 82f.)

3.2 Kommunikationsfähigkeit

Abweichungen im Kommunikationsverhalten psychisch erkrankter Eltern gehen mit Minderung kindlicher Kompetenz einher. (vgl. Riedel 2008: 76f.) Elterliches Unvermögen zum emotionalen Austausch mit ihren Kindern hat kindliche Schwierigkeiten zufolge, sowohl die eigenen Emotionen als auch die der Mitmenschen wahrzunehmen und zu unterscheiden. (vgl. Ziegenhain / Deneke 2014: 27)

Mütter mit BPS neigen dazu, auf die geäußerten Emotionen sowie die an sie gestellten Forderungen von Seiten der Kinder mit mangelnder Beachtung bzw. Abwertung zu reagieren. (vgl. Rehder, M. 2016: 61) Vor allem wird das Kind abgewertet, wenn sein Auftreten im Konflikt zu elterlichen Vorstellungen steht, die die Eltern dann versuchen, auf eine aggressive sowie ängstigende bzw. manipulative Weise durchzusetzen. Als Begründung für die Schwierigkeit, abweichende Meinungen zu akzeptieren, kann der Vorrang der eigenen Wirklichkeitskonstruktion genannt werden. Den Kindern erscheint elterliche Reaktion oft als unvorhersehbar, da ein rasches Wechsel der Befindlichkeit, aber auch ein rücksichtsloses Ausleben von Impulsen Merkmale von BPS sind, sodass sich betroffene Eltern in der Interaktion sowohl besonders liebevoll als auch übertrieben feindselig verhalten können. (vgl. Plattner 2017: 91) Häufig kommen dann Disziplinarmaßnahmen wie Strafen zum Einsatz, die auch Drohungen, die Kinder zu verlassen, sowie deren tatsächliche Umsetzung implizieren. (vgl. Rehder 2016: 63)

Unvermögen, angemessen zu reagieren, wird nicht nur bei Eltern mit Persönlichkeitsstörungen, sondern auch mit Schizophrenie oder Manie beobachtet und vor allem auf die Beeinträchtigung der Fähigkeit zum empathischen Erleben zurückgeführt. Dies kann bspw. Unterlassung der elterlichen Beteiligung an der Freude des Kindes zufolge haben. (vgl. Pretis / Dimova 2016: 62) In der Interaktion mit ihren Kindern fehlt es den Eltern aufgrund einer schizophrenen Erkrankung in der Regel an Aufmerksamkeit selbst dann, wenn keine akute Symptomatik vorliegt, sodass Gespräche über Emotionen selten stattfinden und kindliches Rückzugsverhalten dadurch verstärkt wird. (vgl. Ziegenhain / Deneke 2014: 29)

Auch Eltern mit depressiver Symptomatik, für die ein pessimistisches Denken charakteristisch ist, kritisieren und werten ihre Kinder häufig ab. (vgl. Plattner 2017: 43) Durch überwiegend negative Rückmeldungen wird das kindliche Selbstwertgefühl vermindert, da sie Botschaften internalisieren, die ihnen vermitteln, nicht in Ordnung zu sein. (vgl. Pretis / Dimova 2016: 62) Im Falle einer elterlichen Depression ist oft ein verbal-aggressives Austragen von Interessenkonflikten zu beobachten, indem sich Eltern und Kinder bei der Durchsetzung ihrer Standpunkte gegenseitig anschreien. (vgl. Heitmann, D. 2013: 153f.) Laut unterschiedlichen Untersuchungen zur Eltern-Kind-Interaktion findet verbale sowie non-verbale Kommunikation bei den an Depression erkrankten Müttern im Umgang mit ihren Säuglingen seltener statt. (vgl. Schone / Wagenblass 2006: 20) Sie unterbrechen den Blickkontakt meist vorzeitig oder vermeiden diesen ganz, drücken dagegen mimisch eher negative Emotionen aus, die das Kind ebenfalls widerspiegelt, und beziehen sich im Gespräch meist nur auf die eigene Befindlichkeit. (vgl. Plattner 2017: 53) Unter dem Einfluss eines wahnhaften Erlebens neigen Eltern zur Problematisierung der zurückliegenden sowie gegenwärtigen Ereignisse, wobei diese meist ohne Rücksichtnahme auf kognitive Leistungen ihrer Kinder geschildert werden und sie deshalb verunsichern. (vgl. Pretis / Dimova 2016: 121f.) Ein ähnliches Kommunikationsverhalten kann auch bei psychotischen Eltern vorkommen, wenn sie sich ungeachtet vom kindlichen Erleben von eigenen Wahnvorstellungen lenken lassen. (vgl. Schone / Wagenblass 2006: 20) Da für die Kinder der Zusammenhang zwischen elterlichen Reaktionen und eigenem Verhalten oft nicht nachvollziehbar ist, fehlt ihnen Sicherheit in sozialen Interaktionen. (vgl. Pretis / Dimova 2016: 62)

3.3 Fähigkeit zur Grenzsetzung

Elterliche Depression kann mit mangelnder Kontrolle kindlicher Aktivitäten und dem damit verbundenen fehlenden Schutz der Kinder einhergehen. (vgl. Ziegenhain / Deneke 2014: 27) Darüber hinaus ist ihr Erziehungsverhalten häufig durch Inkonsequenz und fehlende Grenzen gekennzeichnet (vgl. Lenz 2014: 47). Dies hat zu Folge, dass das Austragen von Interessenkonflikten in einem Machtkampf erfolgt (vgl. Fuhrer 2009: 207). Meist fällt es psychisch erkrankten Eltern wegen eingeschränkter Durchsetzungsfähigkeit das Einhalten von Grenzen schwer (vgl. Schmuhl 2016: 48). Aufgrund einer depressiven Erkrankung sind sie oft mit dem kindlichen Widerstand im Konfliktfall schnell überfordert und geben in der Folge die Vertretung ihrer Position auf. (vgl. Heitmann, D. 2013: 153f.)

Kinder von Eltern mit BPS erfahren häufig keine klaren Grenzen, an die sie ihr Verhalten anpassen können, und erleben deshalb elterliche Rückmeldungen meist als willkürlich. (vgl. Rehder, M. 2016: 60) Ein für die Störung charakteristisches Bedürfnis nach einer symbiotischen Beziehung verhindert die Akzeptanz der Grenzsetzung anderer, die schließlich als ein Angriff auf die eigene Person wahrgenommen wird, der wiederum einen Gegenangriff nach sich zieht. (vgl. Plattner 2017: 91)

3.4 Förderfähigkeit

Kinder erfahren keine ausreichende Unterstützung bei der Emotionsregulation und können daraufhin Regulationsstörungen wie dauerhafte Übererregung bzw. sozialen Rückzug aufweisen. (vgl. Ziegenhain / Deneke 2014: 27) Denn Eltern sind aufgrund ihrer Psychopathologie meist nicht in der Lage eigene Emotionen wahrzunehmen und zu verarbeiten, weshalb auch die Vermittlung von angemessenen Strategien zur Bewältigung unangenehmer kindlicher Emotionen misslingt. (vgl. Lenz 2014: 45)

Das Verhalten psychisch erkrankter Mütter schwankt oft zwischen der Überstimulation und emotionaler Unerreichbarkeit, in deren Folge Kinder unzureichend angeleitet werden. (vgl. Rehder, M. 2016: 39) Über- bzw. Unterstimulation ist auf die Antriebssteigerung bzw. -hemmung der Eltern zurückzuführen, infolge dessen die Reaktion auf die Affektäußerung des Säuglings zu früh bzw. zu spät erfolgt und somit die Ausbildung seiner Fähigkeit zur angemessenen Emotionsregulation verhindert wird. (vgl. Plattner 2017: 54) Wenn emotional unerreichbare Eltern auf Signale des Säuglings verzögert reagieren, kann er die Antwort nicht mehr mit seinem Signal verbinden. (vgl. Plass, A./Wiegand-Grefe, S. 2012: 61) Bei einer fehlenden elterlichen Reaktion versuchen die Kinder durch Schreien die Zuwendung zu erhalten bzw. verhalten sich passiv und zeigen depressive Symptome. Die durch die emotionale Unerreichbarkeit bedingte Unterstimulation hat kindliche Unaufmerksamkeit für die Umweltreize zu Folge, die auf mangelnde Entwicklungsanreize zurückgeführt wird. (vgl. Lenz 2014: 49) Darüber hinaus bilden Kinder, auf deren Bedürfnisse unzuverlässig eingegangen wird, einen geringen Selbstwert sowie mangelnde Erwartungen in Bezug auf ihre Selbstwirksamkeit aus, die sich einerseits negativ auf ihr Erkundungsverhalten auswirken. (vgl. Bodenmann 2016: 122f.) Andererseits ist die Wahrscheinlichkeit größer, dass sie sich hilflos und abhängig fühlen, aber auch Schwierigkeiten haben, sich sozial anzupassen. (vgl. Fuhrer 2009: 251)

Durch Unzuverlässigkeit in der elterlichen Zuwendung und dem damit verbundenen Gefühl der Unberechenbarkeit kann außerdem die kognitive Strukturbildung der Kinder eingeschränkt werden. Infolge dessen fehlt ihnen das Zutrauen in die Richtigkeit eigener Wahrnehmung und Interpretation der Geschehnisse, die sie meist als unvorhersehbar erleben und deshalb verängstigt sowie unausgeglichen sind. (vgl. Riedel 2008: 80)

Weiterhin bleibt von Seiten psychisch erkrankter Eltern infolge ihres verarmten emotionalen Erlebens eine positive Verstärkung kindlicher Erfolgserlebnisse meist aus. (vgl. Pretis / Dimova 2016: 62) Eltern mit BPS neigen aufgrund ihrer Gefühle von Neid in Bezug auf die Leistungen ihrer Kinder dazu, diese entweder nicht zu beachten oder sogar abzuwerten. (vgl. Rehder, M. 2016: 63)

Auch kann das kindliche Interesse für die Mut erfordernden Aktivitäten durch elterliche Angststörung eingedämmt werden, indem Eltern ihre Denkweise über die potentiellen Gefahren einer Situation auf ihre Kinder projizieren und somit zur Entstehung von Ängsten auch bei ihren Kindern beitragen. (vgl. Plattner 2017: 44) Ein übermäßig behütetes Verhaltensrepertoire kann auch bei Eltern mit BPS beobachtet werden, die Bestrebungen ihrer Kinder nach Autonomie einschränken. (vgl. Rehder, M. 2016: 61) Bei Überbehütung bzw. psychologischer Kontrolle des Verhaltens kommt es zur Einschränkung von Verhaltensweisen der Kinder, die eine Reduktion der Erfahrungen in sozialen Interaktionen sowie der Lernmöglichkeiten für soziale Kompetenzen zu Folge hat. (vgl. Weber 2017: 49)

Bei Überstimulation handeln Eltern in gleicher Weise ungeachtet von kindlichem Befinden, da ihre Handlungsmotivation in erster Linie ein Resultat eigener Bedürf-nisse darstellt. Sie versuchen durch übermäßig starke Anregung, die teilweise in ein aggressives Verhalten übergeht, Reaktionen ihrer Kinder hervorzulocken, auch wenn diese sich abwenden. Als Antwort auf ein überstimulierendes Elternverhal-ten können unterschiedliche Reaktionsweisen wie Passivität, angstvolle Erstar-rung sowie Aggressionen beobachtet werden. (vgl. Lenz 2014: 49)

3.5 Vorbildfähigkeit

Die Verhaltensmodelle psychisch erkrankter Eltern, die von den Kindern nach ei-ner länger andauernden Konfrontation mit diesen meist übernommen werden, sind oft dysfunktional. (vgl. Bodenmann 2016: 97; Heitmann 2013: 153) Unausge-glichenheit und Unbeständigkeit des erkrankten Elternteils, die Merkmale einer in-stabilen Persönlichkeit darstellen, haben zu Folge, dass vor allem ältere Kinder, ihn nicht als Vorbild sehen und sich nicht mit ihm identifizieren wollen. Fehlen von po-sitiven Vorbildern kann sich negativ auf Identitätsentwicklung auswirken. Insbe-sondere führt eine psychotische Erkrankung zum Verlust der Vorbildfunktion. (vgl. Riedel 2008: 82f.) Die Symptome von Schizophrenie, deren Einfluss die Betroffe-nen zu schwer verstehbaren Handlungen veranlasst, basieren auf einer fehlerhaf-ten Wahrnehmung und Interpretation der Umwelt und sind deshalb oft mit den kulturell-akzeptierten Vorstellungen über die Realität nicht vereinbar. Aufgrund akustischer und visueller Halluzinationen sehen und hören Eltern das, was für die nicht erkrankten Familienangehörige unsichtbar und unhörbar bleibt und intera-gieren daraufhin mit Personen, die nicht anwesend sind. Kinder können dabei die für die jeweilige Situation unangemessenen Verhaltensweisen ihrer Eltern be-obachten, die ohne sichtbaren Grund auf einmal zu schreien oder zu springen be-ginnen. Elterliches Verhalten kann auf Dauer negativ auf psychische Stabilität der Kinder wirken, indem diese einerseits ebenfalls eine Psychose entwickeln. (vgl. Pretis / Dimova 2016: 147f.) Andererseits sind sie einer ständigen Angsteinwir-kung ausgesetzt, in ihrer Normalität in Frage gestellt zu werden, sobald Freunde und Klassenkameraden das seltsame Verhalten der Eltern miterleben bzw. ihnen die Erkrankung bekannt wird. (vgl. Wolf 2012: 129)

Immer wieder werden Kinder mit elterlichen Verhaltensweisen konfrontiert, die einer gesunden Lebensweise im Widerspruch stehen, da sie Eltern erleben, die durch Missbrauch von legalen und illegalen Drogen nicht mehr ansprechbar sind oder im Bett liegen bleiben und sich mangelhaft ernähren, aber auch ihre Ängstlichkeit sowie ihren Wunsch nach Tod offenbaren. (vgl. Plattner 2017: 108f.) Außerdem sehen sie Eltern, die andauernd traurig sind und im Laufe des Tages ohne einen für die Kinder nachvollziehbaren Grund zu weinen beginnen oder ein Verhalten zeigen, das aus kindlicher Sicht im Widerspruch zur Realität steht, wie zum Beispiel das mit der Verarmung begründete Sparen an Lebensmitteln trotz der Anschaffung neuer Geräte sowie des Besitzes von Fahrzeugen. (vgl. Pretis / Dimova 2016: 120f.) Ein unzureichendes Krankheitswissen löst bei ihnen ebenfalls Ängste sowohl vor dem als auch um den psychisch erkrankten Elternteil aus. (vgl. Riedel 2008: 80f.)

Besonders bei einer Auseinandersetzung kann immer wieder ein aggressives Verhalten von Seiten der Eltern gezeigt werden, da dieses einerseits nicht reflektiert wird, andererseits ihnen das Wissen um alternatives Verhalten in Konfliktsituationen fehlt. (Heitmann 2013: 153ff.) Elterliche Konflikte tragen zur Entwicklung von Defiziten in der sozialen Kompetenz und Emotionsregulation der Kinder bei. (vgl. Siegler et al. 2016: 377) Am elterlichen Model lernen die Kinder auf gewaltsame Art dem unerwünschten Verhalten ihrer Konfliktpartner zu begegnen, ohne ihre Mitverantwortung bei der Konfliktentstehung einzusehen. (Plattner 2017: 15)

3.6 Fähigkeit zum Alltagsmanagement

Erkrankungsbedingt kann es zu Beeinträchtigungen elterlicher Versorgungsleistungen im finanziellen sowie im Haushaltsbereich führen. (vgl. Riedel 2008: 81)

Aufgrund einer schizophrenen Erkrankung und den damit verbundenen Denkstörungen sind die Mütter bei der Pflege ihrer Säuglinge nicht nur ungeschickt und unorganisiert, sondern stellen beim Vorliegen von wahnhaftem Denken eine Gefahr für deren Leben dar. (vgl. Ziegenhain / Deneke 2014: 29)

Besonders infolge komorbider Störungen der Eltern steigt die Wahrscheinlichkeit stationärer Einweisungen, sozialer Isolation und Arbeitslosigkeit. (vgl. Lenz / Wiegand-Grefe 2017: 11) Psychisch erkrankte Menschen haben schlechtere Chancen auf dem Arbeitsmarkt, da sie aufgrund ihrer Psychopathologie häufig diskriminiert werden, aber auch infolge von Selbststigma und dem damit einhergehenden niedrigen Selbstwertgefühl zum Ausüben einer Arbeitstätigkeit meist nicht in der Lage sind. (vgl. Heitmann 2013: 80f.)

Soziale Isolation der Familie wird auf Kontaktabbrüche zurückgeführt, die nicht nur von dem durch die Verhaltensweisen psychisch Erkrankter irritierten sozialen Umfeld, sondern auch von den Familienmitgliedern aus Furcht vor sozialer Ablehnung vollzogen werden. (vgl. Wolf 2012: 127) Bedingt durch einen Mangel an materiellen und sozialen Ressourcen gestaltet sich die Organisation und Finanzierung der kindlichen Aktivitäten entsprechend schwierig. (vgl. Schrappe 2018: 27) Auch die Vernachlässigung des Haushalts und der Versorgung der Kinder kann mit Ausfall sozialer Unterstützung begründet werden (vgl. Schmuhl 2016: 48). Diese Problematik betrifft vor allem die Einelternfamilien, in denen der psychisch erkrankte Elternteil einer Mehrfachbelastung ausgesetzt ist, indem er neben der alleinigen Verantwortung für die Versorgung der Kinder sowie die Alltagsorganisation zusätzlich seine Erkrankung zu bewältigen hat. (vgl. Schone / Wagenblass 2006: 73) Nicht selten findet in den Familien mit alleinerziehenden psychisch erkrankten Eltern eine Verschiebung der Zuständigkeit für die Alltagsorganisation an die Kinder statt, wobei die Kleinkinder in dem Fall von Vernachlässigung bedroht sind. (vgl. Pretis / Dimova 2016: 122f.) Minderjährige übernehmen wichtige familiäre Verantwortlichkeiten, da bspw. Depression mit dem Fehlen von Interesse und Antrieb einhergeht, woraufhin sich die Erziehungspersonen zurückziehen und ihren alltäglichen Aufgaben nicht mehr nachkommen. (vgl. Lenz / Wiegand-Grefe 2017: 4f.)

Auch während eines Klinikaufenthaltes fallen psychisch erkrankte Mütter in der Versorgung ihrer Kinder aus (vgl. Lenz 2014: 65). Infolge dessen ist die Aufrechterhaltung eines gewohnten Familienalltags meist nicht möglich und es kann darüber hinaus zum Fremdversorgen der Kinder kommen, wenn der Bedarf nicht innerfamiliär abgedeckt werden kann. (vgl. Jungbauer 2016: 11) In Familien mit beiden Eltern wird in manchen Fällen in akuten Krankheitsepisoden die Versorgung der Kinder durch den nicht erkrankten Elternteil übernommen, häufiger sind jedoch die familiären Interaktionen durch die gestiegene Belastung mit Kritik und Vorwürfen besetzt, die auch sein Rückzugsverhalten bewirken können und dann v. a. die älteren Kinder sowohl zwischen ihren Eltern zu vermitteln versuchen als auch die Erledigung von Familienaufgaben übernehmen. (vgl. Lenz, 2014: 186f.)

Infolge einer Borderline-Persönlichkeitsstörung der Mutter, sind Familien meist durch instabile Strukturen, geringen Zusammenhalt und mangelnde Organisation gekennzeichnet. (vgl. Rehder 2016: 60f.) Häufiger Wechsel des Wohnorts und wiederkehrende Beziehungsabbrüche prägen den familiären Alltag. (vgl. Pretis / Dimova 2016: 174) Eine der Ursachen für den Kontaktabbruch stellt ein Gefühl von Eifersucht der Eltern dar, in dessen Folge sie die Menschen abwerten, die ihrer Ansicht nach eine wichtige Rolle im Leben ihrer Kinder einnehmen. (vgl. Plattner 2017: 92) Dabei besteht die Gefahr, dass die Kinder die Chancen verpassen, positive Erfahrungen mit anderen Menschen zu sammeln, die sich nicht nur günstig auf die Problembewältigung auswirken, sondern auch eine Distanz zu den belastenden Familienbeziehungen ermöglichen. (vgl. Wolf 2012: 204f.)

4 Folgen eingeschränkter Erziehungskompetenz

Etwa 50% der psychiatrisch behandelten Kinder und Jugendlichen haben mindestens einen psychisch erkrankten Elternteil (vgl. Jungbauer 2016: 16f.) Erkrankungsrisiko wird sowohl auf die vererbte Verletzlichkeit der Kinder für psychische Erkrankungen, als auch auf die erlebten Belastungen zurückgeführt. (vgl. Loch 2016: 25)

Verhaltensauffälligkeiten psychisch erkrankter Eltern, die das Risiko eines dysfunktionalen Erziehungsverhaltens erhöhen, haben zu Folge, dass auch bei Kindern später psychische Probleme auftreten. (vgl. Heitmann, D. 2013, S. 86) Zum einen kann eine psychische Erkrankung durch das Lernen am elterlichen Modell entwickelt werden. (vgl. Schrappe 2018: 27) Als Risikofaktor gelten vor allem die Dauer und Häufigkeit der Krankheitsepisoden sowie Schweregrad der Erkrankung, aber auch elterliche subjektive Belastung. (vgl. Lenz / Wiegand-Grefe 2017: 12) Außerdem fällt das Alter der Kinder in den jeweiligen Krankheitsepisoden ebenfalls ins Gewicht, da sich jüngere Kinder aufgrund einer nicht ausreichend ausgebildeten Abgrenzungsfähigkeit in die krankhafte Realität der Eltern wahrscheinlicher verwickeln lassen. (vgl. Riedel 2008: 79) Zum anderen erhöhen die Gewalterfahrungen kindliche Anfälligkeit gegenüber den psychischen Störungen. Als spezielle Formen der Gewalt gegen Kinder gelten physische, psychische und sexuelle Kindesmisshandlung sowie körperliche und emotionale Vernachlässigung. (vgl. Bodenmann 2016: 257f.) Diese stehen in Verbindung mit traumatischen Erlebnissen, in denen sich die Betroffenen den für sie besonders bedrohlichen Situationen hilfs- und schutzlos ausgesetzt fühlen und daraufhin infolge einer Hirnstruktur- sowie Funktionsveränderung psychische und kognitive Auffälligkeiten entwickeln. (vgl. Hundt 2014: 33f.) Aufgrund elterlicher Psychopathologie steigt das Risiko für derartige Gewaltanwendungen. (vgl. Jungbauer 2016: 11) Studien zeigen, dass die Entstehung der Depression nicht nur auf das Vorhandensein einer genetischen Verletzlichkeit, sondern auch auf die erlebten Misshandlungen zurückgeführt wird. (vgl. Mattejat 2009: 82) Depressivität gilt ebenfalls als eine der Langzeitfolgen von Parentifizierung, die darüber hinaus sowohl den Identitäts- sowie Ablösungsprozess der Kinder verhindern, als auch zu Suizidalität führen kann, da die Entdeckung der eigenen Bedürfnisse und Ziele misslingt. (vgl. Lenz, 2014: 213f.)

Bei Wahnvorstellungen der Eltern, die in Verbindung mit schweren Depressionen oder Schizophrenie stehen, kann es sogar zum erweiterten Suizid bzw. zu Kindstötungen kommen, die auf Sinnverlust vom eigenen sowie kindlichen Weiterleben bzw. akustische Halluzinationen mit Befehlen zu töten zurückzuführen sind. (vgl. Plattner 2017: 58)

Größere Wahrscheinlichkeit misshandelt zu werden, haben Kinder, die Verhaltens- und Regulationsstörungen aufweisen, deren Entstehung und Aufrechterhaltung wiederum als Folge eines Mangels an Feinfühligkeit sowie Fürsorge bzw. Beziehungsfähigkeit gelten. (vgl. Lenz / Wiegand-Grefe 2017: 23) Da verhaltensauffällige Kinder irritierbarer und unkonzentrierter sind, nimmt elterliche Unzufriedenheit und Hilflosigkeit zu, weshalb unangemessenes Elternverhalten verstärkt wird. (vgl. Asisi 2015: 100) Gewalt gegen Kinder begünstigt die Etablierung einer unsicheren Bindung, die externalisierendes Verhalten in den ersten Schuljahren zufolge hat, aber auch zur Entwicklung psychischer Störungen beiträgt. (vgl. Bodenmann 2016: 115f.) Charakteristisch für externalisierendes Verhalten sind gegen Andere gerichtete, aggressive Verhaltensweisen, die immer wieder Rechts- bzw. altersspezifische gesellschaftliche Normverletzung provozieren. Die Betroffenen neigen zu unkontrollierten Wutanfällen und zeigen Feindseligkeit gegenüber Autoritätspersonen, aber auch Widerstand gegen ihre Anweisungen. (vgl. Weber 2017: 29f.) In manchen Fällen verhalten sich vor allem ältere Kinder infolge einer unsicheren Bindung bestrafend und beschämend ihren Eltern gegenüber. (vgl. Ziegenhain / Deneke 2014: 19) Die Einschränkung der elterlichen Fähigkeit, eine sichere Bindung zu ihren Säuglingen aufzubauen bzw. diese in der späteren Beziehung zu ihren Kindern aufrechtzuerhalten, kann mit emotionaler Unerreichbarkeit, die bspw. bei einer Depression vorliegt, begründet werden. (vgl. Lenz / Wiegand-Grefe 2017: 12f.)

Neben Symptomen wie unsichere Bindung sowie Verhaltens- und psychische Probleme sind bei Kindern, die mit ihren psychisch erkrankten Eltern zusammenleben und in ihrem Wohlbefinden auf Dauer starke Einschränkungen erfahren, auch weitere Beeinträchtigungen wie Verzögerungen in Entwicklung, psychosomatisches Leiden sowie Schwierigkeiten im Hinblick auf schulische Anforderungen möglich. (vgl. Jungbauer 2016: 15) Dies betrifft zwei Drittel der Kinder, deren Symptomatik kurzzeitig auftritt, aber auch auf längere Zeit anhalten kann, wenn psychosoziale Belastungen nicht reduziert werden. Da den aktuellen Erkenntnissen zufolge psychosoziale Faktoren stärker als genetische auf kindliche Entwicklung wirken, gilt es diese durch Unterstützung der Eltern positiv zu beeinflussen. (vgl. Schmuhl 2016: 41) Vor allem wird durch das Wissen über den hohen Stellenwert sowie die Möglichkeit eines nachträglichen Erwerbs von Erziehungskompetenz ein Hilfebedarf für die betroffenen Familien begründet. (vgl. Schneewind 2010: 181)

Demzufolge werden Maßnahmen der Kinder- und Jugendhilfe nicht nur zur Abwendung der Gefahr für das Kindeswohl eingeleitet, sondern auch um den Eltern zu ermöglichen ihr Sorgerecht weiterhin ausüben zu können. (vgl. Wissenschaftliche Beirat für Familienfragen 2005: 65)

5 SPFH – eine Maßnahme zur Stärkung der Erziehungskompetenz psychisch erkrankter Eltern

Sozialpädagogische Familienhilfe ist eins der Arbeitsfelder Sozialer Arbeit und eine Maßnahme der ambulanten Hilfen zur Erziehung, die aufgrund eines erzieherischen Bedarfs gewährt wird. (vgl. Metzger / Domeniconi Pfister 2018: 60; Rehder 2016: 81) Für deren Erbringung sind in der Regel freie Träger zuständig, die vom öffentlichen Träger der Jugendhilfe, vom Jugendamt, beauftragt und finanziert werden. (vgl. Schone 2012: 265) Die Fachkräfte arbeiten im Lebensfeld der AdressatInnen, indem sie an den vereinbarten Terminen Hausbesuche abstatten und somit das alltägliche Familienleben zeitweise miterleben. (vgl. Wolf 2012: 149f.) Die Hilfe gilt als letzte Möglichkeit zur Vermeidung von Fremdplatzierung bzw. Heimunterbringung der Kinder, indem Verbesserung deren Lebensbedingungen durch Unterstützung der Eltern angestrebt wird. (vgl. Seithe / Heintz 2014: 399) Erhalt der Familie ist vor allem aufgrund emotionaler Verbundenheit von den Kindern und ihren Eltern wichtig, die auch nach der Trennung fortbesteht. (vgl. Riedel 2008: 82) Außerdem hat sich laut einer israelischen Studie ergeben, dass vergleichbar mit den Kindern, die nicht bei ihren an Schizophrenie erkrankten Eltern aufgewachsen sind, diejenigen, die in Herkunftsfamilie verblieben, weniger psychiatrische Störungen entwickelten. (vgl. Wiegand-Grefe et al. 2011: 50f.)

Eine zunehmende Bedeutung der SPFH verdeutlichen die steigenden Fallzahlen, die im Zusammenhang mit einer erhöhten psychosozialen Problembelastung innerhalb der Familien stehen. (vgl. Rehder 2016: 60f.) In Bundesländern wie Bremen und Hamburg hat sich die Inanspruchnahme der Hilfeform in den Jahren zwischen 2005 und 2010 nicht zuletzt aufgrund von tödlich verlaufenden Fällen von Kindesmisshandlungen mehr als vervierfacht. (vgl. Seithe / Heintz 2014: 70)

5.1 Rahmenbedingungen der Sozialpädagogischen Familienhilfe

Leistungen der SPFH sowie Bedingungen für die Gewährung der Maßnahme sind gesetzlich geregelt. Sie richten sich an eine Zielgruppe, deren Merkmale neben den Voraussetzungen für den Erhalt der Hilfe nachstehend erläutert werden.

5.1.1 Rechtliche Regelung

Im folgenden werden die wichtigsten Gesetzestexte vorgestellt, die den Rechtsanspruch auf die Leistungen der SPFH begründen.

Im Art. 6 GG wird auf das Recht und die Pflicht der Erziehungsberechtigten zur Erbringung der Erziehungs- und Pflegeleistungen für ihre Kinder sowie auf staatliche Überwachungs- sowie Schutzfunktion in Bezug auf diese verwiesen. Einerseits sollen Ehe und Familie geschützt und bei Bedarf unterstützt, anderseits kann beim Erziehungsversagen der Erziehungsberechtigten eine Trennung der Kinder von ihrer Familie vollzogen werden.

Die Gefährdung des Kindeswohls, die Eltern nicht verhindern wollen oder können, gilt laut § 1666 BGB als Ursache für die Einleitung der Schutzmaßnahmen, die unter anderem Anspruchnahme der Leistungen der Kinder- und Jugendhilfe einschließen. Jugendhilfe soll lt. § 1 SGB VIII u. a. durch Beratung von Erziehungsberechtigten junge Menschen vor Gefahren für ihr Wohl schützen sowie ihr Recht verwirklichen, in seiner Entwicklung gefördert und zu einer eigenverantwortlichen sowie gemeinschaftsfähigen Persönlichkeit erzogen zu werden. Die Einschätzung des Gefährdungsrisikos der minderjährigen Kinder fällt nach § 8a SGB VIII in den Aufgabenbereichs des Jugendamtes, das anschließend über die Eignung und Notwendigkeit von Hilfen zur Abwendung der Gefährdung entscheidet und diese den Erziehungsberechtigten anbietet.

Die Gefährdung des Wohlergehens der minderjährigen Kinder sowie deren Entwicklung wird auf die dysfunktionalen Erziehungsbemühungen zurückgeführt, deren zufolge entsprechend dem § 27 SGB VIII die Möglichkeit der Anspruchnahme der Hilfe zur Erziehung besteht, zu der auch die Sozialpädagogische Familienhilfe zählt.

§31 SGB VIII definiert deren Aufgabenbereich, der Unterstützungsleistungen wie intensive Betreuung und Begleitung der Familien umfasst um diese zur eigenständigen Bewältigung ihrer Erziehungsaufgaben sowie Alltagsproblemen, unter anderem im Umgang mit Institutionen, anzuleiten.

§ 36 SGB VIII unterrichtet über die Voraussetzung, vor dem Beginn des Hilfeprozesses einen Hilfeplan aufzustellen, in dem die beteiligten Fachkräfte in Zusammenarbeit mit der Familie die zu erbringenden Leistungen festlegen und begründen.

Vor dem Hintergrund der Gesetzeslage ist zu erwähnen, dass eine psychische Erkrankung der Eltern nicht zwangsläufig eine Gefährdung für das Kindeswohl und einen Anlass für den Eingriff in ihr Sorgerecht darstellt, sondern die entsprechenden Maßnahmen sind erst beim Konstatieren von erheblichen Erziehungsdefiziten einzuleiten. (vgl. Plass / Wiegand-Grefe 2012: 173f.)

5.1.2 Inanspruchnahme

Eltern können sich zwar aus Eigeninitiative an das Jugendamt wenden um SPFH zu erhalten, jedoch werden die meisten Familien aufgrund von Meldungen öffentlicher Institutionen bzw. aus dem privaten Umfeld über die körperlichen oder das Verhalten betreffenden Auffälligkeiten der Kinder zu deren Fällen. (vgl. Rehder 2016: 85; Kron-Klees 2008: 21) Oft ist für die betroffenen Minderjährigen aufgrund der in der Familie vorherrschenden Bedingungen das Erreichen der Entwicklungsziele kaum möglich, das heißt, dass es ihnen mit hoher Wahrscheinlichkeit misslingen wird, sich zu einer eigenständigen und gemeinschaftsfähigen Persönlichkeit zu entwickeln sowie physisch und psychisch gesund zu bleiben. (vgl. Seithe / Heintz 2014: 37f.) Bei einer festgestellten Kindeswohlgefährdung ist die Annahme der Hilfe keine freiwillige Entscheidung der Eltern, sondern wird im Falle deren Verweigerung gerichtlich durchgesetzt. (vgl. Schone 2012: 265) In solchen Krisensituationen bleiben Kinder in ihren Familien nur dann, wenn Eltern dem Einsatz der SPFH zustimmen. Andernfalls gilt die Unterstützung als präventive Leistung zur Vermeidung der Gefährdung und wird den Eltern vorgeschlagen bzw. auf deren Wunsch bewilligt. (vgl. Schattner 2007: 593f.) Die Einleitung der Maßnahme bedarf eines Antrages seitens der Erziehungsberechtigten beim öffentlichen Träger der Kinder- und Jugendhilfe. (vgl. Rehder 2016: 81f.)

Die zu gewährende Hilfe muss als geeignet und notwendig eingeschätzt werden. (vgl. Wolf 2012: 71). Als geeignet gilt sie aufgrund der Annahme, dass deren Einsatz Veränderungen bewirken kann, indem einerseits die ihr zur Verfügung stehenden Methoden zur Bearbeitung der vorhandenen Problematiken geeignet sind. Andererseits sind die AdressatInnen zur Mitarbeit bereit bzw. kann diese mit hoher Wahrscheinlichkeit erreicht werden, um mithin deren Akzeptanz für die notwendigen Veränderungen zu bewirken. Die Notwendigkeit einer Maßnahme der Hilfe zur Erziehung ergibt sich aus der Tatsache, dass die weniger intensiven Hilfen, wie die der Jugend- sowie Schulsozialarbeit oder der unverbindlichen Beratung, aufgrund ihres speziellen Auftrages und der damit verbundenen Aufgaben dem Bedarf der jeweiligen Problemlage nicht gerecht werden können. (vgl. Seithe / Heintz

2014: 47f.) Im Falle, dass ein Elternteil erkrankt bzw. seine Erkrankung sich verschlimmert, ist die Gewährung von Hilfen zur Erziehung notwendig, wenn er weder innerfamiliär noch vom sozialen Umfeld unterstützt werden kann. Beim Vorliegen einer psychischen Erkrankung in der Familie hängt die Unterstützungsdauer nicht nur vom erzieherischen Bedarf, sondern auch von der Schwere und Ausprägung dieser ab. (vgl. Schone / Wagenblass 2006: 45)

5.1.3 AdressatInnen

AdressatInnen der Sozialpädagogischen Hilfe sind zwar in erster Linie Eltern, jedoch werden auch die übrigen Familienmitglieder in den Hilfeprozess miteinbezogen. (vgl. Schattner 2007: 593) Es handelt sich meist um Familien, in denen die Interaktion zwischen Eltern und ihren Kindern gestört ist (vgl. Seithe / Heintz 2014: 49).

Typologie nach Nielsen/Nielsen/Müller unterscheidet die von SPFH betreuten Familien nach drei folgenden Krisenarten: Einzel-, Struktur- und chronische Strukturkrisen. Als Einzelkrisen sind in dem Fall die unerwarteten belastenden Ereignisse zu bezeichnen, deren Bewältigung zwar außerfamiliäre Unterstützung erfordert, jedoch den Familienmitgliedern die Erledigung grundlegender Alltagsaufgaben weitgehend gelingt. Strukturkrisen beschreiben den Zustand langjähriger Belastungen in verschiedenen Lebensbereichen wie Partnerschaft, finanzielle sowie Wohnsituation, der meist infolge struktureller Defizite innerhalb der Familie eintritt. In krisenhaften Zeiten, die durch Einzelereignisse ausgelöst werden, ist die Familie auf institutionelle Unterstützung angewiesen, die sich auf die Bereiche bezieht, für deren Bewältigung ihr noch die notwendigen Problemlösungskompetenzen fehlen. Die in chronischen Strukturkrisen lebende Familien haben existenzielle Probleme in allen Lebensbereichen und sind nicht in der Lage eigenständig ihre Lebenssituation zu verändern. Während die zwei ersten Familientypen durchaus von der Unterstützung durch SPFH profitieren, hängt der Erfolg der Arbeit mit dem dritten Familientyp von der Prozessgestaltung sowie Qualifikationen der Fachkräfte ab. (vgl. Helming et al. 1998: 17)

Sich auf eigene Erfahrungen im Arbeitsfeld Sozialpädagogische Familienhilfe beziehend erklärt Weinert Portmann (2009: 156) die familiären Probleme als Resultat des Ungleichgewichts der geleisteten Fürsorge zwischen den einzelnen Familienmitgliedern, das mit dem subjektiv erlebten Mangel an Zuwendung, Respekts, Anerkennung sowie Gerechtigkeit begründet wird.

Woog (1998: 24) sieht die Notwendigkeit der sozialpädagogischen Unterstützung für Familien, die in ihrer Fähigkeit zum Alltagsmanagement stark beeinträchtigt sind und familiäre sowie soziale Ressourcen nicht nutzen können. Ihr Unvermögen flexibel auf die Belastungen zu reagieren sowie infolge eines geringen Familienzusammenhalts gemeinsam nach Problemlösungen zu suchen, hat oft eine frühzeitige Ablösung der Kinder zu Folge.

Laut der Erhebungsdaten des Statistischen Bundesamts (2011) bedürfen Familien am häufigsten Unterstützung aufgrund eingeschränkter Erziehungskompetenz der Eltern, gefolgt von weiteren Ursachen wie einer unzureichenden Förderung und Versorgung der dort lebenden Minderjährigen, deren Belastung durch familiäre Konflikte, aber auch Problemlagen der Eltern sowie deren Verhaltensauffälligkeiten. Elterliche Psychopathologie kann alle genannten Hilfeanlässe zu Folge haben, wird aber neben Suchterkrankung und geistiger Behinderung nur in ca. einem Zehntel der Fälle ausdrücklich als Begründung angegeben. (vgl. Rehder 2016: 90f.)

Dies bestätigen die Ergebnisse einer Jugendamtsbefragung in der Stadt Bielefeld sowie im Kreis Warendorf einschließlich der diesem angehörigen Städte Ahlen, Beckum und Oelde, wobei die Fachkräfte der Jugendhilfe ebenfalls vermuten, dass der Anteil der Hilfefälle, bei denen psychiatrische Erkrankung der Eltern vorliegt, den von 10 % übersteigt, da nicht alle psychiatrischer Versorgung bedürftigen Eltern sich einer entsprechenden Untersuchung bzw. Behandlung unterziehen. (vgl. Schone / Wagenblass 2006: 65ff.)

Die Anzahl der Kinder in den Familien, die SPFH erhalten, ist höher als im Bundesdurchschnitt, aber auch sind diese meistens im jüngeren Alter (unter 12 Jahre). (vgl. Schattner 2007: 595) In 52% der von der SPFH betreuten Familien lebt nur ein Elternteil mit den Kindern zusammen und der größte Teil der Leistungsempfänger führt ein Leben an der Armutsgrenze. (vgl. Seithe / Heintz 2014: 72)

Das Familienleben der AdressatInnen wird als dysfunktional bezeichnet, da sie überwiegend Stresssituationen erleben und dadurch in ihrem Wohlbefinden massiv eingeschränkt bzw. gefährdet sind. Dysfunktionales Handeln im Hinblick auf Familiengestaltung wird zum einen bereits in den Herkunftsfamilien erlernt. Zum anderen kann Dysfunktionalität aufgrund einer misslungenen Bewältigung von veränderten Lebensbedingungen entstehen, infolge deren das Familiensystem zusätzliche Belastungen erfährt wie es beispielsweise im Falle einer psychischen Erkrankung eines Familienmitglieds vorkommt. (vgl. Weinert Portmann 2009: 159)

So ist in Familien mit einem psychisch erkrankten Elternteil das Konfliktpotential der Eltern und die damit verbundene Unzufriedenheit mit der Paarbeziehung im erhöhten Maße vorhanden, die häufig Trennungen oder Scheidungen zufolge haben. Als besonders dysfunktional erweist sich das Unvermögen der Eltern, die Belastungen ihrer Kinder durch deren Einbezug in elterliche Konflikte zu erkennen. (vgl. Lenz / Wiegand-Grefe 2017: 13) Aber auch haben bspw. viele an BPS erkrankte Menschen – meist weiblichen Geschlechts – Vernachlässigung durch ihre Eltern bzw. Erziehungspersonen sowie dauerhafte Belastungszustände in ihrer Kindheit erfahren. (vgl. Rehder 2016: 51f.)

Ebenfalls zeigt die in diesem Unterkapitel bereits erwähnte Befragung von Jugendämtern, dass es sich in den meisten Familien (88,1 %) mit psychisch erkrankten Eltern, die Jugendhilfeleistungen erhalten, um die mütterliche Erkrankung handelt. Der diesbezüglich häufigere Eingriff der Jugendhilfe wird auf die gesellschaftliche Rollenverteilung zurückgeführt, der zufolge den Müttern es besser gelingt, kompensatorische Leistung im Hinblick auf die Kinderversorgung sowie -erziehung zu erbringen, wenn der Vater erkrankt ist. (vgl. Schone / Wagenblass 2006: 84f.)

5.2 Gestaltung des Hilfeprozesses

In den nachfolgenden Unterkapiteln geht es um die Darstellung der Phasen des Hilfeprozesses, aber auch der Arbeitsprinzipien sowie -formen, die den sozialpädagogischen Fachkräften zur Durchführung der Hilfemaßnahme zur Verfügung stehen.

5.2.1 Arbeitsphasen

SPFH dauert im Durchschnitt 16 Monate, dabei in fast jedem zweiten Hilfefall weniger als ein Jahr und ca. in jedem fünften länger als zwei Jahre. (vgl. Schattner 2007: 603)

Nach der Einleitung der Familienhilfe werden in der Regel drei Phasen des Hilfeprozesses unterschieden. *In der Anfangsphase* geht es hauptsächlich um den Aufbau einer auf Vertrauen basierenden Beziehung sowie ums Erkennen von Handlungsgewohnheiten und vorherrschenden Problematiken der Familienmitglieder. (vgl. Weinert Portmann 2009: 154) Woog (1998: 185f.) weist auf eine Überlappung der drei Phasen hin, die sie als Einstiegs-, Zusammenarbeits- und Stabilisierungsphase bezeichnet, und betont die Rolle des Beobachtens zum Sammeln von Informationen über Einstellungen und Beziehungen der Familienmitglieder. Demzufolge ist bspw. das Herstellen von Vertrauen nicht nur für die Anfangsphase relevant, sondern stellt einen kontinuierlichen Prozess dar. (vgl. Wendt 2015: 215)

Gestaltung einer positiven Beziehung erfordert eine professionelle Haltung seitens der Fachkraft, die den AdressatInnen verstehend und akzeptierend begegnet. Durch die Erfahrung von Verlässlichkeit fällt es ihnen leichter, sich auf die Veränderungsprozesse einzulassen, in denen das Erkennen der Eigenanteile in der Problementstehung und -erhaltung im Vordergrund steht. (vgl. Seithe / Heintz 2014: 389) Auch als Probephase genannt, der bei einer durchschnittlichen Dauer der SPFH ein Zeitraum von drei Monaten zugeteilt wird, ist diese für die Schaffung einer Grundlage für die bevorstehende Zusammenarbeit durch Konkretisierung von Zielen vorgesehen. (vgl. Schattner 2007: 603f.)

In der zweiten Phase findet intensive Arbeit statt, die Bearbeitung von relevanten Themen sowie Erreichen von festgelegten Zielen fokussiert und regelmäßig in Bezug auf ihre Wirkung und Nutzen überprüft wird. (vgl. Weinert Portmann 2008: 154) Ebenfalls auf die durchschnittliche Dauer des Hilfeprozesses bezogen, ist für die Hauptphase ein Zeitraum von 11 Monaten festgesetzt, in dem die gleichen Tätigkeitsbereiche wie auch in den zwei weiteren Phasen als handlungsrelevant gelten. Am häufigsten wird die Familienarbeit im Bereich der Förderung der Elternperson sowie Stärkung der Beziehung zwischen den Eltern durchgeführt. Am zweithäufigsten sind die Fachkräfte am Ausbau vom sozialen Netzwerk der Familie tätig, um deren Lebenssituation zu verbessern, indem einerseits die Kinder sowohl familiär als auch außerfamiliär gefördert, andererseits die für die Familie relevante Anträge gestellt sowie Kontakte zu Behörden und weiteren Institutionen hergestellt werden. Weniger häufig ist die Beschäftigung in den Aufgabengebieten, die eine Verbesserung der Wohn- sowie Einkommenssituation zum Ziel haben. (vgl. Schattner 2007: 603f.)

Außerdem streben die sozialpädagogischen FamilienhelferInnen in der Zusammenarbeitsphase durch die Bearbeitung von Konflikten an, Kompetenzen der Familienmitglieder zu erweitern, wahren dabei sowohl die eigenen Grenzen als auch die von ihren AdressatInnen, indem sie auf einen angemessenen Nähe-Distanz-Verhältnis achten. Darüber hinaus knüpfen die Fachkräfte an Möglichkeiten der Familie sowie ihrer einzelnen Mitglieder an und wecken ihre Interessen, um somit Entwicklungsprozesse zu realisieren bzw. deren Lebenssituation zu verändern. (vgl. Woog 1998: 186)

Die Abschlussphase, in der die Besuchshäufigkeit reduziert wird, dient zum Stabilisieren bzw. Festigen des Gelernten (vgl. Weinert Portmann 2008: 154). Weitere Bezeichnungen für diese sind Ablöse- bzw. Stabilisierungsphase, deren Zeitkontingent sich bei einem 16-monatigen Hilfeprozess auf zwei Monaten erstreckt. (vgl.

Schattner 2007: 603; Woog 1998: 186) Dabei geht es vor allem um Entwicklungsprozesse, in denen Familienmitglieder lernen besser mit den Anforderungen des
Umfelds zurechtzukommen, aber auch untereinander das Verhältnis von Geben
und Nehmen im Gleichgewicht zu halten. (vgl. Metzger / Domeniconi Pfister 2018:
64f.) Die Fachkräfte vereinbaren die Termine in immer größeren Abständen und
halten sich im Hinblick auf Unterstützung und Förderung der Familie weitgehend
zurück, um ihr auf die Weise Exploration der erworbenen Fähigkeiten zu ermöglichen. Schwerpunkt der Arbeit liegt beim Zuhören, Bestärken bei der Anwendung
neuer Umgangs- und Verhaltensweisen sowie Aufzeigen von positiven Veränderungen. (vgl. Woog 1998: 201f.)

5.2.2 Arbeitsprinzipien

Ausgehend von einem bestimmten Menschenbild sowie den mit diesem verbundenen Vorstellungen der Profession über erwünschtes Dasein und Handeln werden
Arbeitsprinzipien abgeleitet, die zur Formulierung allgemeiner Ziele dienen und
innerhalb eines professionellen Alltags trotz dessen Vielgestaltigkeit normative
Entscheidungshilfen bieten. (vgl. Petko 2004: 34; Metzger / Domeniconi Pfister
2018: 59) In Bezug auf Arbeitsprinzipien gibt es in der Fachliteratur zur Sozialpädagogischen Familienhilfe unterschiedliche Kategorisierungen, wobei im Folgenden eine nähere Betrachtung der drei von diesen erfolgt. (vgl. Domeniconi Pfister
2018: 64; Rehder 2016: 86)

Hilfe zur Selbsthilfe gilt als Grundprinzip der SPFH, das die unterstützenden Maßnahmen kritisch hinterfragt um der wenig Erfolg bringenden Entmündigung von
AdressatInnen vorzubeugen. (vgl. Petko 2004: 34f.) Denn die pädagogische Arbeit
orientiert sich am Bild eines Menschen, der nach Eigenaktivität und Verantwortung
strebt. Die Maßnahme zielt somit auf das Erlernen von Selbsthilfe, die mit der Erweiterung des Alltagswissens der Familienmitglieder nicht nur bei der Überwin-
dung von Notlagen während des Hilfeprozesses, sondern auch nach dessen Been-
digung gelingen soll. (vgl. Schattner 2007: 606) Die Aufgabe der Fachkraft besteht
darin, durch Erschließen der Interpretation der Betroffenen in Bezug auf die Wirkung der bereits stattgefundenen Selbsthilfeversuche sowie Hilfe durch Andere,
geeignete Problemlösestrategien zu identifizieren. Weiterhin soll sie die Familienmitglieder bei der eigenständigen Lösungssuche unterstützen, damit diese in Zukunft zum selbstständigen Verändern ihrer Lebenslage fähig sind. (vgl. Metzger /
Domeniconi Pfister 2018: 64)

Zur Förderung der Fähigkeit des eigenständigen Problemlösens gilt ein in sieben Schritte gegliedertes Modell als geeignet, dem zufolge die AdressatInnen lernen, ein wahrgenommenes Problem zunächst zu beschreiben, um anschließend für dessen Lösung passende Ziele zu formulieren. Danach werden für die Zielerreichung verschiedene Lösungswege überlegt und auf ihre Konsequenzen überprüft, bevor die Auswahl und die Ausführung von denen erfolgt, die für die Problemlösung am geeignetsten sind. Die Evaluation der Ergebnisse stellt den letzten Schritt des Prozesses dar. (vgl. Petko 2004: 39) Fremdhilfeerfahrungen psychisch erkrankter Eltern können sich auf die psychiatrischen sowie psychotherapeutischen Behandlungsmaßnahmen und die damit verbundenen Erfolge bzw. Misserfolge des Heilungsprozesses beziehen, über die sich FamilienhelferInnen informieren, um die zur Bewältigung der Krankheit entwickelten Einstellungen sowie Verhaltensweisen zu erkunden. (vgl. Schrappe 2018: 45)

Im sechsstufigen Modell der Selbsthilfe von May wird angenommen, dass die AdressatInnen fähig sind, bestimmte Probleme eigenständig zu lösen, jedoch für einige Problembereiche vorübergehende Hilfestellung seitens der sozialpädagogischen Fachkraft bedürfen. Kann trotz des Einsatzes der SPFH eine vollständige Selbsthilfe nicht erreicht werden, ist eine zeitweise bzw. dauerhafte Fremdhilfe bspw. eine Fremdunterbringung des Kindes zu veranlassen. (vgl. Schattner 2007: 605)

Orientierung an Ressourcen und Risiken bedeutet, diese in Zusammenarbeit mit der zuständigen Fachkraft, den Familienmitgliedern sowie den weiteren am Hilfeprozess Beteiligten zu erkunden und zum Wohl der Kinder im Gleichgewicht zu halten. Die Fachkraft ermutigt die Familienmitglieder zum Erschließen neuer Ressourcen, aber auch zur Verringerung von Belastungen und stellt gegebenenfalls eine Ressource für die Familie dar. (vgl. Domeniconi Pfister 2018: 64) Ressourcen bedürfen Familienmitglieder zur Stressbewältigung und Anpassung an die neuen Bedingungen, mit denen sie infolge von belastenden Ereignissen sowie dem damit verbundenen, möglichen bzw. bereits erfolgten Krisenausbruch konfrontiert werden. (vgl. Gloger-Tippelt 2007: 161)

Belastungen psychisch erkrankter Eltern können zweierlei Art sein, wobei die einen intern sind, das heißt, sie entstehen durch die Krankheitssymptomatik sowie durch problematische Beziehungen zwischen Familienmitgliedern. Die anderen gelten als extern, da sie ihren Ursprung außerhalb der Familie haben und mit den Anforderungen des Arbeitsmarkts sowie Institutionen wie Kindergarten und Schule verbunden sind, aber auch finanzielle Probleme betreffen. (vgl. Lenz /

Wiegand-Grefe 2017: 23) Deshalb ist es sinnvoll, die Erkundung von Ressourcen in verschiedenen Systemen wie Mikro-, Meso-, Exso- sowie Makrosystem durchzuführen, wobei daraus Netzwerkarbeit resultieren kann, in die die für die Familie relevanten Akteure aus ihrem sozialen Umfeld und wichtige Institutionen einbezogen werden. (vgl. Schattner 2007: 609) Dementsprechend dient Netzwerkarbeit der Anbahnung potentiell aussichtsreicher Kooperationen zwischen der Familie bzw. ihren Familienmitgliedern und den geeigneten Netzwerken zur Vergrößerung des für die AdressatInnen förderlichen Erfahrungsraumes. Die Aufgabe der Fachkräfte besteht darin, von beiden Seiten die Öffnung nach außen zu gewährleisten, um somit deren Anschlussfähigkeit zu erreichen. (vgl. Metzger / Domeniconi Pfister 2018: 64)

Lebensweltorientierung beschreibt eine sowohl individuell als auch sozialräumlich tätige Arbeitsweise, bei der die Passung der geleisteten Hilfe an die Bedürfnisse und Möglichkeiten der Familie im Vordergrund steht. Das an die Lebenswelt der AdressatInnen orientierte professionelle Handeln erfordert Kenntnisse über ihre Deutungs- und Handlungsweisen, mit denen sie versuchen, die vorherrschenden gesellschaftlichen Anforderungen zu bewältigen. (vgl. Petko 2004: 35)

Da die Familienhilfe im privaten Lebensraum der AdressatInnen stattfindet, können die Fachkräfte die familiären Beziehungen sowie Lebensbedingungen vor Ort beobachten und somit nicht nur die Entstehung von Problemen besser verstehen, sondern auch die höhere Passung der von ihnen gesetzten Handlungsimpulse an die Erfahrungen der Betroffenen erreichen. (Wolf 2012: 152f.) Vor allem ist es wichtig, dass die FamilienhelferInnen für die Einschätzung der Lebenssituation der AdressatInnen deren Sichtweise auf diese berücksichtigen. (vgl. Rehder 2016: 86)

Sind zum Ausgleich der in der Familie vorhandenen Defizite die Inanspruchnahme weiterer Hilfen erforderlich, soll einerseits deren Notwendigkeit thematisiert werden, mit dem Ziel, die Zustimmung der Familienmitglieder für diese zu erhalten. Andererseits bemühen sich die Fachkräfte, den Zugang zu den Hilfen zu ermöglichen. (vgl. Metzger, M./Domeniconi Pfister, S. 2018, S. 64)

5.2.3 Arbeitsformen

Arbeitsformen, auch als Methoden bezeichnet, enthalten Vorgaben sowohl über die Art, den Ort, den Zeitraum sowie die Themen der Handlung, als auch über die an dieser beteiligten Personenkonstellation. Sie unterscheiden sich einerseits im Handeln, das den AdressatInnen zum Zweck des Lernens am Modell der FamilienhelferInnen dient, andererseits im solchen, das beratende sowie praktische

Unterstützung beinhaltet. Die beratende und begleitende Tätigkeit der Fachkraft vollzieht sich mit einzelnen, aber auch mit mehreren Familienmitgliedern gleichzeitig und fokussiert Themen wie Erziehung, Paarbeziehung, Haushalt, Hausaufgaben, Freizeitgestaltung sowie finanzielle Sicherung. (vgl. Petko 2004: 36f.)

Methodisches Handeln bezeichnet eine geplante Vorgehensweise, die bestimmte Ziele verfolgt, aber auch zu Kenntnissen und Erkenntnissen zu gelangen versucht. (vgl. Wendt 2015: 59) Bei Methodenanwendung ist außerdem stets zu hinterfragen, ob und wie diese die Förderung der Mitwirkungsbereitschaft sowie Selbsthilfe gewährleistet. (vgl. Helming et al. 1998: 29) Dementsprechend müssen sich die Fachkräfte beim Einsatz der Methoden stets an die Arbeitsprinzipien richten, aber auch deren Nützlichkeit für die jeweilige Alltags- bzw. Gesprächssituation abwägen (vgl. Rehder 2016: 87).

Methoden gestalten den Hilfeprozess, indem sie zwar strukturierte, dennoch flexible Handlungsverläufe herstellen und umsetzen. Dabei stammen diese z. B. aus dem Kontext der Beratung, Gruppenarbeit, Spielpädagogik sowie Netzwerkarbeit. Zum Methodenrepertoire gehören darüber hinaus auch Alltagstätigkeiten, deren Ausführung stets mit einem fachlichen Hintergrund zu erfolgen hat, d. h. sie sind pädagogisch, beratend, informierend und enthalten Gelegenheiten am Modell der Fachkraft zu lernen, durch das den AdressatInnen neue Haltungen, Verhaltensweisen und Einstellungen vorgestellt werden. (vgl. Seithe / Heintz 2014: 403) Die lebenspraktischen Methoden, die für die Familien Entlastung bewirken, eignen sich in erster Linie bei gegebener Ressourcenarmut, die oft als Ursache für die Vernachlässigung der Kinder gilt. (vgl. Petko 2004: 43f.; Winkler 2012: 35)

AdressatInnen können am Modell der FamilienhelferInnen lernen, während diese über eigene Erfahrungen oder die von anderen Familien berichten, die sich auf ähnliche Problemlagen beziehen. Eine besondere Wirkung aber entfaltet das Modelllernen in Form von Rollenspielen, in denen die Vorbereitung bevorstehender Gesprächssituationen z. B. bei Behörden stattfindet. (vgl. Helming et al. 1998: 297) Folglich geht es im Falle des Lernens am Modell ums Präsentation alternativer Bewältigungsstrategien von Seiten der FamilienhelferInnen im Umgang mit bspw. schwierigem Verhalten der Kinder, die von Eltern beobachtet und anschließend ausprobiert werden können. (vgl. Wolf 2012: 200f.) Die Bereitwilligkeit zur Übernahme der vorgeführten Verhaltensweisen ist auf die Identifikation der AdressatInnen mit der Fachkraft in den entsprechenden Situationen sowie Wahrnehmung dieser als Vorbild zurückzuführen. (vgl. Helming et al. 1998: 295)

Aus Alltagshandlungen, die Haushalt und Freizeit, aber auch Wohnungsgestaltung sowie Kontaktaufnahme mit Behörden betreffen, können zusätzliche Beratungssituationen entstehen, die im Vergleich zum klassischen Beratungssetting einen geringeren Zwangscharakter haben. (vgl. Wolf 2012: 194f.)

Beratung stellt einen kommunikativen Prozess zur Krisenbewältigung dar, in dem es um die Bearbeitung von Orientierungsproblemen, aber auch Konflikten geht und anstatt Erteilung von Vorschlägen seitens beratender Fachkraft in erster Linie Unterstützung zur eigenständiger Lösungsfindung geleistet wird. (vgl. Schneewind 2010: 295) Dabei besteht ihre Aufgabe in der Aktivierung des Selbstverwirklichungspotentials, das nach Rogers (der Begründer des Konzepts der klientenzentrierten Gesprächsführung) jedem Menschen eigen ist. (vgl. Ehrhardt 2013: 68)

Mithilfe der klientenzentrierten Gesprächsführung gilt es zunächst die Sichtweise der AdressatInnen auf ihre Lebenssituation bzw. ihre materiellen, emotionalen und sozialen Bedürfnisse zu erschließen. (vgl. Seithe / Heintz 2014: 369f.) Versteht der/die BeraterIn die Wirklichkeitskonstruktion der Beratenen, kann er/sie diese unterstützen, sich mit ihrem persönlichen Erleben auseinanderzusetzen und dabei ihre Gefühle sowie Wahrnehmungen zu klären und zu akzeptieren, um somit die Veränderung vom Problemlösungsverhalten und Erweiterung von Selbstwahrnehmung zu bewirken. Es geht außerdem um Abbau von Spannungen und Ängsten, indem durch die Integration gelungener Erfahrungen in das Selbstkonzept, den Konflikten zwischen diesem und den Selbst- sowie Fremderwartungen entgegengewirkt wird. Damit die Ratsuchenden Vertrauen in die beratende Person entwickeln und mit ihr über ihre Erfahrungen offen sprechen können, soll sich diese ehrlich, positiv wertschätzend und empathisch ihnen gegenüber verhalten. (vgl. Ehrhardt 2013: 68ff.)

Dagegen wird in der lösungsorientierten Beratung ein bestimmtes Problem fokussiert, für das direkte Lösungen bereits existieren, ohne tiefgreifende Ursachen für seine Entstehung erkunden zu müssen. (vgl. Seithe / Heintz 2014: 404) Lösungsorientierung bedient sich der Grundannahme, dass Lösungen keine Erklärungen benötigen und oft von den Ratsuchenden übersehen werden, aber auch Ressourcen zur Problemlösung ebenfalls bereits vorhanden und für deren Aktivierung u. a. Bestimmung von Zielen bzw. Teilzielen sowie Handlungsanregungen erforderlich sind. BeraterInnen halten die Beratenen für Experten ihrer Lebensgestaltung, die vorübergehend unter den Orientierungsproblemen leiden, deren Entstehung nicht zuletzt mit der überwiegenden Konzentration auf Schwierigkeiten begründet wird. Deshalb sollen im Beratungsprozess die gelungenen Bewältigungsversuche der

AdressatInnen hervorgehoben und durch die Festlegung von leicht zu erreichenden Zwischenzielen Erfolgserlebnisse bewirkt werden. (Wendt 2015: 188ff.)

Für eine erfolgreiche Durchführung lösungsorientierter Arbeit mit psychisch erkrankten Eltern müssen die FamilienhelferInnen über die Lebenssituation der Familienmitglieder einschließlich elterlicher Erkrankung informiert sein, aber auch ihnen gegenüber vorurteilsfrei auftreten. (vgl. Plattner 2017: 130) Um im Gespräch psychische Erkrankung zu thematisieren eignet sich die Erstellung eines Genogramms. (vgl. Rehder 2016: 96) Ein Genogramm stellt graphisch die familiären Beziehungen über mehrere Generationen dar und bietet den FamilienhelferInnen eine Möglichkeit des Zugangs zur Lebenswelt der Familienmitglieder, die an dessen Erstellung beteiligt sind. Auf die Weise können Informationen gesammelt werden, die nicht nur die professionelle Hilfe, sondern auch den Kindern Einblicke in ihre Familiengeschichte ermöglichen. (vgl. Helming et al. 1998: 289)

Jedoch sollen die sozialpädagogischen Fachkräfte im Gespräch mit psychisch erkrankten Eltern zum einen das Ansprechen psychiatrischer Diagnosen ohne ihre Zustimmung unterlassen, zum anderen auf die Gegenargumente bei einer Konfrontation mit elterlichen Wahnvorstellungen sowie auf das Infragestellen deren Gesundheitsüberzeugung verzichten. (vgl. Plattner 2017: 132)

5.3 Ressourcenarbeit mit psychisch erkrankten Eltern

Exploration von Ressourcen hat positive Auswirkungen auf die Bearbeitung von Problemen. (vgl. Lenz / Wiegand-Grefe 2017: 73) Ressourcenorientiertes Arbeiten sieht vordergründig das Hervorheben von Stärken der AdressatInnen vor, das auf sie eine motivierende Wirkung hat, um vor allem diejenigen zur Mitarbeit anzuregen, die sich auf den Hilfeprozess unfreiwillig eingelassen haben. (vgl. Seithe / Heintz 2014: 345) Wenn Ressourcen bereits vorhanden sind und verstärkt werden, ist das Erlernen neuer Verhaltensweisen einfacher und nachhaltiger. Zweifel, dass die verfügbaren Ressourcen für die Bewältigung bestimmter Lebensumstände nicht ausreichen, aber auch deren Fehlen bzw. drohender Verlust, begünstigen jedoch die Anfälligkeit für den psychischen und physischen Stress. (vgl. Wendt 2015: 32f.)

Durch die Nutzung von gesundheitsfördernden Ressourcen kann den Betroffenen die Bewältigung belastender Lebensbedingungen sowie der Umgang mit deren Folgen besser gelingen. Diese können in interne und externe eingruppiert werden, wobei sich die erste Gruppe auf die Fähigkeiten einer Person und die zweite auf die

Möglichkeiten seiner sozialen Umwelt wie familiärer und außerfamiliärer Beziehungen beziehen. (vgl. Asisi 2015: 91f.) Eine weitere Einteilung sieht die Ergänzung personeller, familiärer sowie außerfamiliärer Ressourcen um materielle vor mit einer Aufgliederung der außerfamiliären in informelle und formelle. (vgl. Schattner 2007: 608)

5.3.1 Materielle Ressourcen

Zu materiellen Ressourcen zählt angemessene Wohn-, Arbeits- sowie Einkommenssituation. (vgl. Helming et al. 1998: 259) Da psychisch erkrankte Eltern schlechtere Chancen auf dem Arbeitsmarkt haben, sind sie häufiger von Arbeitslosigkeit betroffen (Kap. 3.6) sowie einem erhöhten Risiko ausgesetzt in finanzielle Not zu geraten. (vgl. Wolf 2012: 118) Diese wirkt sich negativ auf ihr Erziehungsverhalten aus. (vgl. Weber 2017: 88) Förderung der materiellen Existenzsicherung stellt eins der Ziele der SPFH dar, die den Familien den Zugang zu materiellen Ressourcen erleichtert und sie dabei unterstützt, ihre Rechtsansprüche durchzusetzen. (vgl. Wolf 2012: 196)

Denn bei Ressourcenverlusten ist der Wiederaufbau von Ressourcen erschwert, dargestellt am Beispiel von potentiellen EmpfängerInnen staatlicher Leistungen, die beim Unvermögen, ihre personalen und sozialen Ressourcen einzusetzen, evtl. keinen Zugang zu den fürs Überleben notwendigen ökonomischen Ressourcen haben. (vgl. Blank 2012: 80) Dies geschieht vor allem, wenn die Betroffenen Schwierigkeiten haben, ihr Anliegen bei den Ämtern zu vertreten, da ihre Sichtweise, wie es bspw. im Falle von psychischen Problemen vorkommen kann, mit institutionellen Vorgaben nicht vereinbar ist und ein konstruktives Gespräch verhindert. FamilienhelferInnen stehen Möglichkeiten zur Verfügung, das Thema in einer Gesprächssituation, aber auch in einem Rollenspiel zu bearbeiten. (vgl. Helming et al. 1998: 267) Die an Depression erkrankten Eltern müssen evtl. zu den Terminen begleitet werden, da es ihnen aufgrund ihrer Antriebslosigkeit oft schwerfällt, diese eigenständig wahrzunehmen (vgl. Plattner 2017: 133).

Auch wenn Familien materielle Verbesserungen als bedeutsam erachten, bleibt die Benachteiligung, die sie häufig von den Behörden in Bezug auf Informationsvermittlung erfahren, auch im Bereich der Teilhabe am gesellschaftlichen Leben weiterhin bestehen. (vgl. Wolf 2012: 196)

5.3.2 Personelle Ressourcen

Als individuelle Ressourcen werden Kompetenzen eines Menschen bezeichnet, die er zum Erreichen eigener Ziele benötigt und entweder bereits besitzt oder sich noch aneignen muss. (vgl. Möbius 2010: 107) Sie werden u. a. durch Werte bestimmt und können objektiv oder subjektiv sein. Objektive Ressourcen unterscheiden sich von subjektiven darin, dass diese aus positiver Bewertung seitens der Außenstehenden resultieren, dagegen sind die letzteren ein Resultat persönlicher Bewertung und dadurch für die Ressourcenträger direkt nutzbar. Jedoch fällt es den Familienmitgliedern, die unter dem Einfluss einer Problemorientierung ihrer Umwelt stehen, oft schwer eigene Ressourcen zu identifizieren. (vgl. Lenz / Wiegand-Grefe 2017: 73) So neigen auch viele Menschen mit einer psychischen Erkrankung zu Selbststigmatisierung, die sich negativ auf ihr Kompetenzniveau auswirkt und v. a. durch die gesellschaftliche Stigmatisierung, die in Verbindung mit Zuschreibung von aggressivem und inkompetentem Verhalten steht, begründet wird. (vgl. Heitmann 2013: 80f.)

Psychisch erkrankte Eltern haben oft eine verzerrte Meinung in Bezug auf ihre Erziehungskompetenz. Während diese von den Erkrankten an Psychose oder in manischen Phasen eher überbewertet wird, zweifeln depressive Eltern deren Qualität an und lassen ihr scheinbares Versagen durch die häufigen Äußerung von Selbstvorwürfen erkennen. (vgl. Schrappe 2018: 47) Dennoch können auch psychisch erkrankte Eltern ein funktionales Erziehungsverhalten zeigen, das im Hilfeprozess durch eine respektvolle Zusammenarbeit mittels Verzicht einer permanenten Fokussierung der Erkrankung zu verstärken gilt. (vgl. Pretis / Dimova 2016: 45)

Dem zufolge steht für eine ressourcenorientierte Haltung in erster Linie die Identifizierung von Problemlösungskompetenzen im Vordergrund, die zum Erreichen von vereinbarten Zielen genutzt werden. (vgl. Möbius 2010: 108) FamilienhelferInnen können diese während einer Problemlösungsschilderung anhand anerkennender Deutung hervorheben, wenn sie die von den AdressatInnen bereits umgesetzte bzw. erst geplante Problemlösungen als gelungen bzw. vielversprechend erachten. Außerdem schafft die Anerkennung der Problembelastung nicht nur eine Vertrauensbasis, sondern wirkt dem Zweifel an eigene Elternkompetenzen sowie dem Eindruck alleiniger Verantwortung für die Problementstehung entgegen. Auch Normalisieren der Problemlage kann die Betroffen aus ihrer Rolle als Außenseiter entlasten. (vgl. Petko 2004: 161f.) Bspw. können die FamilienhelferInnen die bestimmten, von den Eltern als schwierig empfundenen Erziehungssituationen als normal deuten, indem sie den hohen Anspruch der Erziehungsaufgabe betonen (Kap. 2).

Um Ressourcen zu identifizieren, versuchen Fachkräfte während ihrer Besuchszeiten herauszufinden, welche Interessen Eltern haben, ob und in welchen Situationen sie mit Humor reagieren, aber auch wie sie ihre kommunikativen Fähigkeiten einsetzen, d. h. wie hilfreich diese in Auseinandersetzung mit anderen sind bzw. ob und in welchem Ausmaß dadurch die Einflussnahme auf die anderen Familienmitglieder möglich ist. (vgl. Helming et al. 1998: 259) Eltern, die ihren Interessen nachgehen, tragen zu ihrem Wohlbefinden bei, da sie sich von den mit der Erziehungsaufgabe verbundenen Verpflichtungen eine Auszeit gönnen, und vermitteln ihren Kindern die Bedeutung von Freude und Autonomie. (vgl. Weinert Portmann 2009: 164f.) In dem Sinne ist auch eine hohe Stellung von Humor zu betonen, der beim Aushalten bzw. Verändern von schwierigen Situationen – nicht zuletzt durch Darbietung einer anderen Sicht auf diese – wirkungsvoll sein kann. (vgl. Helming et al. 1998: 261) Nach Weinert Portmann (2009: 168f.) sollten Eltern in der Kommunikation mit ihren Kindern sowohl aktive Präsenz zeigen, indem sie zum kindlichen Verhalten eigene Stellungnahme beziehen, über alltägliche Geschehnisse erzählen bzw. austauschen, Vereinbarungen bei Bedarf auch schriftlich festhalten, als auch gelegentlichen Wunsch nach Rückzug nicht nur ihrerseits, sondern auch von Seiten der anderen Familienmitglieder akzeptieren.

Vorhandene Ressourcen erweisen sich erst dann als nützlich, wenn deren Einsatz Bedürfnisse befriedigt und somit die Lebenszufriedenheit steigert. (vgl. Lenz / Wiegand-Grefe 2017: 73f.) Dem entsprechend kann durch ein positives Ergebnis elterlicher Handlung in einer Erziehungssituation der Nutzen von eingesetzten, erzieherischen Fähigkeiten bestätigt werden. (vgl. Schneewind 2010: 180) Nicht immer nehmen AdressatInnen ihre Ressourcen wahr bzw. erkennen ein gelungenes erzieherisches Handeln, wie z.B. die Fähigkeit im Erziehungsalltag auch konsequent handeln bzw. Lob aussprechen zu können. Daraufhin ergibt sich für die FamilienhelferInnen eine Aufgabe, Eltern auf die gelungenen Erziehungshandlungen hinzuweisen. (vgl. Helming et al. 1998: 262f.) Mentalisierungsfähigkeit stellt dabei eine wichtige Ressource dar, die Wahrnehmung und Erleben moderiert, jedoch besonders bei psychisch erkrankten Eltern oft als Ursache für Fehldeutungen gilt. (vgl. Ziegenhain / Deneke 2014: 24) Denn die Betroffenen haben aufgrund einer geringen Mentalisierungsfähigkeit Schwierigkeiten, Beweggründe für das Verhalten Anderer richtig einzuschätzen. (vgl. Rehder 2016: 360) Die sozialpädagogische Fachkraft kann Eltern bei der Auseinandersetzung mit unterschiedlichen

Perspektiven sowie den eigenen Sichtweisen auf eine bestimmte Ausgangslage durch reflexive bzw. zirkuläre Fragen unterstützen. Das Aufweichen bestimmter Überzeugungen – vor allem negativer Zuschreibungen – ist das Ziel, dessen Erreichung die Kenntnis neuer Zusammenhänge bzw. verändertes Verständnis der einzelnen Personen erfordert. (vgl. Helming et al. 1998: 273f.)

Weiterhin können SPFH-MitarbeiterInnen, indem sie sich auf Theorien der kognitiven und emotionalen Entwicklung von Kindern beziehen, die Erziehungsberechtigten über die das Kindeswohl gefährdenden Verhaltensweisen informieren. (vgl. Kron-Klees 2008: 341) Auch weitere Informationen, mit denen das zeitweise schwierige kindliche Verhalten normalisiert sowie Notwendigkeit von außerfamiliären Kontakten der Kinder sowohl zu Gleichaltrigen als auch zu erwachsenen Personen betont wird, sind für den Abbau von elterlichen Unsicherheiten wichtig. Eltern werden außerdem in Kenntnis gesetzt, dass eine Entlastung durch Umorganisation vom Familienleben sowie Unterstützung durch Dritte während ihrer Krankheitsepisoden und eine Besserung ihres Gesundheitszustandes fürs gelingende Erfüllen ihrer Erziehungsaufgaben wesentlich sind. (vgl. Mattejat 2009: 91ff.)

Nachhaltige Verhaltensänderungen der AdressatInnen können erreicht werden, wenn sie diese aufgrund der Erkenntnis ihrer Betroffenheit für notwendig halten. (vgl. Seithe / Heintz 2014: 399) Motivation zur aktiven Mitwirkung bei der Lösungsfindung sowie Bereitschaft sich verantwortungsbewusst zu verhalten haben psychisch erkrankte Eltern meist durch die Krankheitseinsicht (vgl. Jungbauer 2016: 18) sowie den Wunsch eine gelungene Elternschaft zu führen (vgl. Schrappe 2018: 50). Dies trägt zur angemessenen Krankheitsbewältigung bei, die sich durch die Akzeptanz der für die Heilung bzw. Linderung der Krankheit notwendigen Behandlungs- sowie Unterstützungsmaßnahmen auszeichnet. (vgl. Plass / Wiegand-Grefe 2012: 81)

5.3.3 Familiäre Ressourcen

Eine gelingende Krankheitsbewältigung hängt von der Art des familiären Umgangs miteinander ab. Die Wahrscheinlichkeit eines Rückfalls sinkt, wenn Familienangehörige dem erkrankten Elternteil ermöglichen, sich bei Bedarf zurückzuziehen und sein auffälliges Verhalten als krankheitsbedingt akzeptieren und tolerieren. Rückfallrisiko ist dagegen bei den psychisch Erkrankten erhöht, deren Familienmitglieder sowohl an deren Fähigkeit zum selbständigen Handeln als auch am tatsächlichen Vorliegen einer psychischen Erkrankung zweifeln und somit dem Zeigen von

Symptomen verständnislos und feindselig begegnen. (vgl. Remschmidt / Mattejat 1994: 46)

Für ein angemessenes Erziehungsverhalten ist *Elternallianz* wichtig, da Eltern, die mit ihrer Paarbeziehung zufrieden und im Erziehungsalltag kooperationsbereit sind, eine günstigere Prognose haben, die Beziehung zu ihren Kindern positiv zu gestalten. (vgl. Fuhrer 2009: 131) Elternallianz erweist sich besonders dann als vorteilhaft, wenn sich die PartnerInnen in ihrer Elternrolle gegenseitig unterstützen, ihre Einstellungen bzgl. der Kindererziehung übereinstimmen, die Erziehungsaufgaben untereinander zu beidseitiger Zufriedenheit verteilt sind, aber auch ihr Interaktionsmuster angemessen ist. (vgl. Gabriel / Bodenmann 2006: 10)

Auch Einschränkungen in der Erziehungskompetenz eines psychisch erkrankten Elternteils können kompensiert werden, wenn der nicht Erkrankte die Erziehungsaufgaben übernimmt, wobei den Alleinerziehenden derartige kompensatorische Leistung fehlt. (vgl. Schone / Wagenblass 2006: 41) Unterstützung des Partners kann bspw. verhindern, dass seine an postpartaler Psychose erkrankte Partnerin einen Zusammenbruch erleidet. (vgl. Ziegenhain / Deneke 2014: 30)

Jedoch verläuft selten eine Partnerschaft ohne Konflikte bzw. durch Meinungsunterschiede gekennzeichnete Interaktionen, die vor allem mittels konstruktiver Kommunikation für alle Beteiligten zufriedenstellend gelöst werden können. Für diese ist zentral, dass sich die Kritik auf ein Verhalten bezieht und deren Äußerung in Form persönlicher Meinung erfolgt, die das eigene Erleben in einer bestimmten Situation beschreibt. Im weiteren Kommunikationsverlauf sollen außerdem Interesse und Möglichkeit für die auf Kritik bezogene Stellungnahme des Gegenübers sowie Bereitschaft für ein Kompromiss und Versöhnung vorhanden sein. Darüber hinaus kann ein Konflikt unter Voraussetzung eines beidseitigen Einverständnisses durch Humor entschärft werden. (vgl. Bodenmann 2016: 156f.)

Im Vergleich zu gesunden Eltern ist die Häufigkeit sowie Intensität der Konflikte zwischen den psychisch Erkrankten erhöht, aber auch sind sie mit ihrer Beziehung weniger zufrieden und lassen sich häufiger scheiden. (vgl. Lenz / Wiegand-Grefe 2017: 13) Eine höhere Trennungsquote wird in Familien dokumentiert, in denen die Mütter psychisch erkranken, da lt. Studie das Zusammenleben nur in 41% der Fälle bei mütterlicher und in 51% bei väterlicher Erkrankung fortbesteht. (vgl. Riedel 2008: 75) Ein hohes Streitaufkommen entsteht unter anderem aufgrund einer Zusatzbelastung des nicht erkrankten Elternteils infolge von Konfrontation mit veränderten Bedürfnissen des/der Erkrankten, die von ihm mehr Rücksichtnahme erfordern, aber auch die Entstehung von Ängsten um familiäre Zukunft begünstigen. (vgl. Lenz 2014: 50) Zunehmende Konfliktintensität unter den Eltern wirkt sich negativ auf ihr Erziehungsverhalten aus und verstärkt das Problemverhalten der Kinder, das im Gegenzug die Elternbeziehung zusätzlich belastet und somit das Konfliktpotenzial steigert. (vgl. Fuhrer 2009: 245) Ein konstruktives Lösen von Elternkonflikten ist v. a. beim Vorhandensein einer depressiven Erkrankung in der Familie meist nur durch externe Unterstützung möglich. (vgl. Ziegenhain / Deneke 2014: 26) Diese kann von den FamilienhelferInnen angeboten werden, die unter Beachtung ihrer Unparteilichkeit den Elternpaaren beim Austragen von Konflikten bzw. Gestalten gemeinsamer Gespräche zur Verfügung steht. (vgl. Helming et al. 1998: 283)

Kinder entwickeln zur Verarbeitung der Belastungen, die aufgrund einer psychischen Erkrankung der Eltern entstehen, unterschiedliche Bewältigungsstile, wobei ein emotionsregulierer im Vergleich zum aggressiven und kontrollierenden Bewältigungsstil mit einer niedrigeren Auftretenswahrscheinlichkeit von Verhaltensstörungen einhergeht. Etwa bei 30 % der Kinder psychisch erkrankter Eltern werden keine psychiatrischen Auffälligkeiten festgestellt. (vgl. Jungbauer 2016: 16f.) Die Art sowie die Ergebnisse der Auseinandersetzung mit der elterlichen psychischen Erkrankung und familiären Belastungen werden durch das kindliche Temperament moderiert. Besonders empfänglich für den Stress sind Kinder mit Konzentrations- sowie Anpassungsschwächen, die außerdem schnell misslaunig werden können und somit die Qualität der Erziehung, aber auch Partnerbeziehung negativ beeinflussen. (vgl. Lenz 2014: 51f.) Die Stärkung von kindlichen Ressourcen zur Erhöhung von Vielfalt an Schutzfaktoren für eine erfolgreiche Belastungsbewältigung kann einen positiven Entwicklungsverlauf begünstigen. Speziell für Kinder psychisch erkrankter Eltern gilt als protektiv, wenn eine gesunde erwachsene Vertrauensperson den belastenden Einfluss psychischer Erkrankung ausgleichen kann, sie über elterliche Psychopathologie altersangemessen aufgeklärt sind, aber auch in den Krisensituationen handlungsfähig bleiben. (vgl. Jungbauer 2016: 18)

Neben einer tragfähigen Beziehung der Kinder zu gesunden Familienmitgliedern besteht ebenfalls die Möglichkeit, dass eine lückenlose institutionelle Betreuung wie Kindertagesstätte oder Ganztagsschule Bedingungen einer potentiell unbelasteten Umwelt mit einem präventiven Charakter erfühlt. (vgl. Pretis / Dimova 2016: 174) Kinder können im Umgang mit psychisch stabilen Menschen kompensatorische Sorge erfahren, aber auch die eigene Person anders wahrnehmen. FamilienhelferInnen haben zum einen die Aufgabe solche Beziehungen wie z. B. die zu den

Großeltern anzubahnen und bei Bedarf im Verlauf des Hilfeprozesses zu begleiten. Zum anderen ist bei fehlenden Alternativen im familiären Umfeld ihrerseits die Übernahme der Rolle einer stabilen Bezugsperson beim gelungenen Vertrauensaufbau zum Kind über die Dauer der Hilfe möglich. (vgl. Wolf 2012: 134ff.) Gestaltung einer positiven Beziehung zu den Kindern erfordert eine für die kindlichen Interessen und Ziele offene Haltung von Seiten der Professionellen, die ihnen u. a. durch aktives Zuhören vermitteln, beliebiges Anliegen ansprechen zu dürfen. (vgl. Paulus 2017: 119)

Kinder können außerdem auffälliges Verhalten ihrer Eltern besser akzeptieren, wenn dieses einer Erkrankung zugeordnet wird und ihnen auf die Weise der Krankheitszustand und die damit verbundene Ausnahmesituation bekannt sind. Jedoch wird in den betroffenen Familien selten über die elterliche Erkrankung gesprochen und vor allem jüngere Kinder am wenigsten über ein Krankheitswissen verfügen. (vgl. Pretis / Dimova 2016: 45ff.) Deshalb haben sie die Möglichkeit durch Gespräche mit der sozialpädagogischen Fachkraft über die Lebenssituation ihrer psychisch erkrankten Eltern, Verständnis und Akzeptanz für die krankheitsbedingten Erziehungsdefizite zu gewinnen. (vgl. Schone / Wagenblass 2006: 50) Darüber hinaus kann diese als Vermittlerin zwischen den für die Aufklärung geeigneten Personen wie Ärzten, aber auch Familienmitgliedern und den betroffenen Kindern agieren. Denn es ist zwar neben der Behandlung der Eltern wichtig, auch die kindlichen Sorgen zu berücksichtigen und die sie bewegenden Fragen zu beantworten, jedoch nehmen die behandelnden Ärzte diese Verantwortung nicht immer als eine in ihr Aufgabengebiet gehörende wahr. (vgl. Wolf 2012: 134)

Ein Gefühl der Sicherheit sowie Handlungsfähigkeit kann den Kindern außerdem durch die Erstellung eines Krisenplans vermittelt werden, bei der ihre altersgemäßen Fähigkeiten zu berücksichtigen sind. Dem Krisenplan sind folgende Informationen zu entnehmen: Name der Vertrauensperson, die in Krisenfällen zu kontaktieren ist, sowie ihre Adresse und Telefonnummer. Darüber hinaus müssen alle Familienmitglieder die Form und den Umfang der Krisenbetreuung festlegen, aber auch abwägen, ob die Kontaktaufnahme des Kindes mit der Vertrauensperson telefonisch zu erfolgen hat bzw. es diese eigenständig zu Fuß erreichen kann. (vgl. Lenz, 2014: 291f.)

5.3.4 Soziale Ressourcen

In der ressourcenorientierten Arbeit geht es schließlich um professionelle Steuerung der Kooperation verschiedener Akteure und des Einbezugs unterschiedlicher Handlungsfelder, wobei die Aktivierung der institutionellen Hilfen erst dann erfolgt, wenn individuelle, familiäre und außerfamiliäre Ressourcen informeller Art zur Problembewältigung nicht ausreichen. Soziale Ressourcen aus dem privaten Umfeld ergeben sich aus Beziehungen zu Verwandten, Freunden sowie Bekannten, deren Einbezug zu einer langfristigen Stabilisierung der familiären Situation beitragen kann. Die Erkundung der informellen Netzwerkkontakte erfordert jedoch die Bereitschaft der Familienmitglieder, der betreuenden Fachkraft den Einblick in diese zuzulassen. (vgl. Möbius 2010: 16f.) Unterstützung psychisch erkrankter Eltern in ihren Erziehungsaufgaben durch nahestehenden Personen kann entlastend wirken und somit die Überforderung verringern. (vgl. Schmuhl 2016: 48) Bei mangelnden familiären und privaten Kontakten können besonders Alleinerziehende durch Patenfamilien entlastet werden, indem diese ihre Kinder sowohl regelmäßig nach Vereinbarung als auch in Krisenzeiten in ihrer häuslichen Umgebung betreuen. (vgl. Lenz, 2014: 292f.)

Neben den Leistungen der Kinder- und Jugendhilfe besteht für Familien mit psychischen erkrankten Eltern ein Bedarf an zusätzlicher Unterstützung weiterer Systeme v. a. der Erwachsenen- sowie Kinder- und Jugendpsychiatrie. (vgl. Bauer et al. 2013: 23) Da Themen bspw. aus dem Bereich der Medizin die Kompetenzgrenzen der sozialpädagogischen Fachkräfte überschreiten, wird eine vertiefte Auseinandersetzung mit diesen vernachlässigt. (vgl. Petko 2004: 162) Es ist jedoch wichtig, dass die FamilienhelferInnen bei den beobachteten Verhaltensauffälligkeiten die Eltern auf diese ansprechen und versuchen, sie über die Notwendigkeit einer ärztlichen Konsultation zu überzeugen bzw. zu dem Anlass eine anonyme Fallberatung initiieren. (vgl. Rehder 2016: 100f.) Denn psychisch Erkrankte benötigen häufig eine medizinische Hilfe, da die Erkrankungen wie Depressionen meist eine medikamentöse Behandlung erfordern, die sogar eine Heilung bewirken kann bzw. die depressiven Phasen verkürzt und mildert. Für einen Behandlungserfolg ist neben der Medikamenteneinnahme auch eine begleitende Psychotherapie zentral, in der sich die PatientInnen mit den belastenden Lebensereignissen beschäftigen. (vgl. Pretis / Dimova 2016: 126-129) Eltern können ihre traumatischen Erfahrungen wie Misshandlungen in der Kindheit therapeutisch aufarbeiten und somit der Gewaltanwendung gegen die eigenen Kinder entgegenwirken. (vgl. Fuhrer 2009: 260) Therapien sind außerdem dann notwendig, wenn die positiven Erfahrungen zum

Abschwächen dysfunktionaler Grundüberzeugungen nicht ausreichen. Sie werden außerdem zur Verringerung von Selbstgefährdung bzw. Suizidalität, aber auch zur Verbesserung der Mentalisierungsfähigkeit durchgeführt, indem die Betroffenen lernen auch in Stresssituationen ihre Emotionen zu beherrschen sowie sich mit dem Erleben der Anderen angemessen auseinandersetzen zu können. (vgl. Rehder 2016: 55-59) Für die sozialpädagogischen Fachkräften ist es jedoch nicht ratsam, im Gespräch mit den psychisch erkrankten Eltern die therapeutischen Inhalte zu thematisieren, sondern zu empfehlen, sich vom Therapeuten die erfolgte Teilnahme an Terminen sowie Medikamentenkontrollen bescheinigen zu lassen. (vgl. Plattner 2017: 132)

Um ihre Erziehungsaufgaben weiterhin ausüben zu können, sind v. a. Eltern mit einer psychotischen Erkrankung auf die Durchführung von Behandlungsmaßnahmen angewiesen. Dazu gehören die Einnahme angesetzter Medikation, Arztbesuche zur Kontrolle der Medikamenteneinnahme, aber auch Besuche von Schulungen, in denen PatientInnen das rechtzeitige Wahrnehmen der Anzeichen eines sowie Handlungsschritte bei einem anbahnenden Rückfall erlernen. (vgl. Plattner 2017: 70f.) Zwar werden durch die angesetzte Medikation keine Heilungsprozesse sichergestellt, jedoch die Symptome abgeschwächt (vgl. Pretis / Dimova 2016: 153) und somit das Risiko der elterlichen Gewalttaten gegen ihre Kinder gesenkt (vgl. Plattner 2017: 57f.).

Zur Vorbeugung eines Beziehungsabbruchs sowie zur Förderung des Bindungsaufbaus zwischen den behandlungsbedürftigen Müttern und ihren Kleinkindern bieten einige psychiatrischen Kliniken eine Mutter-Kind-Behandlung an. (vgl. Schmutz 271f.) Trotzt der bestehenden Annahmen über die Gefahr eines seelischen Schadens für das Kind aufgrund einer längeren Trennung von der Mutter, aber auch der Erkenntnisse über den Abbau von Schuldgefühlen von Seiten der Mütter durch die gemeinsame Klinikaufnahme, ist das Angebot in Deutschland jedoch aus Kostengründen nicht im ausreichendem Maße vorhanden. (vgl. Lenz, 2014: 276f.)

Die SPFH kann im Unterstützungsprozess psychisch erkrankter Eltern sowohl als Nachfolger anderer Dienste ihre Leistungen anbieten, aber auch als Einstiegsdienst fungieren, das bei einer gelingenden Arbeitsbeziehung ihren AdressatInnen den Weg für die weiteren Unterstützungsmaßnahmen eröffnet. (vgl. Schrappe 2018: 134)

5.4 Grenzen der SPFH bei der Unterstützung psychisch erkrankter Eltern

Wie bereits erwähnt (Kap. 5) wird mit dem Einsatz der SPFH angestrebt, dass die Kinder und Jugendlichen in ihren Herkunftsfamilien aufwachsen und Eltern ihr Recht auf Erziehung behalten. Bleibt jedoch ein Familiensystem trotz der Hilfe dysfunktional und bietet demzufolge keine geschützten und förderlichen Bedingungen für ein gesundes Aufwachsen der Minderjährigen, kommt es zur Verlagerung ihres Lebensmittelpunks an einen anderen Ort wie Pflegefamilie oder eine institutionelle Wohngruppe und somit zur Auflösung des familiären Zusammenlebens. (vgl. Möbius 2010: 21) Der Hilfeprozesses gilt somit als gescheitert, wenn es den Eltern die Einsicht misslingt, dass eine angemessene Elternschaft Berücksichtigung der kindlichen Bedürfnisse erfordert und bei einer ausschließlichen Instrumentalisierung der Kinder für die Eigenen nicht möglich ist. (vgl. Schrappe 2018: 50)

Mangelnde Bereitschaft der AdressatInnen bei der Lösungsfindung mitzuwirken, die oft als Reaktion auf den Kontrollauftrag der Jugendhilfe hinsichtlich des Kinderschutzes gesehen wird, kann den Hilfeverlauf negativ beeinflussen. Bei den schwerwiegenden Problemen wie Selbst- und Fremdverletzungen wird dann die Ablehnung der Hilfe sowie Verweigerung der Auskunft über, aber auch des Einblicks in die vorherrschenden Lebensbedingungen eher die Folge sein. Negativen Konsequenzen, die nach Kron-Klees nicht zuletzt auf eine ungünstige professionelle Haltung zurückzuführen sind, müssen jedoch meist die Familien tragen, die ihre Kinder nicht mehr erziehen dürfen. Solch eine Haltung wird durch Einstellungen und Bestrebungen der Professionellen geprägt, Menschen nach den fremden Vorstellungen wie der Fachkraft bzw. der helfenden Dienste zu formen, anstatt eine Hilfe zu leisten, die unter Berücksichtigung der Perspektiven aller Familienmitglieder das Wohlergehen jedes einzelnen anstrebt. (vgl. Kron-Klees 2008: 39-42)

Grenzen können in der Person der Fachkraft begründet sein, deren ablehnende Haltung in Bezug auf bestimmtes Verhalten der AdressatInnen die Achtung ihrer Würde und somit eine Zusammenarbeit verhindert. (vgl. Gehrmann /Müller 2001: 104f.)

Verurteilung und Verachtung erfährt ein/eine UnterstützungsempfängerIn von Seiten der Professionellen besonders dann, wenn es ihnen nicht gelingt, seine/ihre Bedürfnisse zu erkennen, sondern sie stattdessen nur seine/ihre Handlungen und deren Konsequenzen fokussieren. (vgl. Wilkens 2015: 85f.)

Außerdem erweist sich das für den Arbeitsalltag bedeutende, intuitive Einschätzen von Situationen, das auf dem Wissen der FamilienhelferInnen gründet, aufgrund eines hohen Arbeitsaufkommens häufig als kontraproduktiv, da es den FamilienhelferInnen unter den belastenden Arbeitsbedingungen schwer fällt, Eltern einfühlend zu verstehen. (vgl. Rehder 2016: 357f.) Durch das Benennen von überwiegend negativen Verhaltensweisen kann es von Seiten der AdressatInnen zu Entscheidung führen, aus dem Hilfeprozess auszusteigen. (vgl. Plattner 2017: 131f.)

Die Zusammenarbeit mit psychisch erkrankten Eltern birgt weiterhin die Gefahr, dass sie die Fachkraft übermäßig für sich beanspruchen, und diese infolge dessen ihre professionelle Distanz ihnen gegenüber verliert und somit die Unterstützung anderer Familienmitglieder vernachlässigt. (vgl. Rehder 2016: 96) Dies geschieht vor allem dann, wenn die Professionellen aufgrund ihrer eigenen belastenden Biographie Schwierigkeiten haben, sich bei Manipulationen abzugrenzen. Bei solchem Verhalten, das besonders für Menschen mit einer narzisstischen und Borderline-Persönlichkeitsstörung typisch ist, kann eine wertschätzende Haltung seitens der Fachkraft meist nur durch Supervision und kollegiale Beratung gewahrt bleiben. (vgl. Plattner 2017: 136)

6 Fazit

Der elterlichen Erziehungskompetenz wird eine entscheidende Rolle zum Erreichen einer störungsfreien Entwicklung der Kinder, aber auch Eltern-Kind-Beziehung zugeschrieben. Demnach verfügen Eltern über Fähigkeiten, mit denen das kindliche Aufwachsen vielgestaltig unterstützt wird. Zuverlässige Befriedigung von emotionalen und physischen Bedürfnissen des Nachwuchses sowie Interesse und Anteilnahme der Erziehungspersonen an seinem Tun, fördert den Aufbau einer sicheren Bindung, die nicht nur ein Qualitätszeichen der Beziehung zwischen Eltern und ihren Kindern darstellt, sondern auch Entwicklungsvorteile wie Interesse für die Umwelt, aber auch gelingende soziale Kontakte bewirkt. Kinder haben die Möglichkeit, einen angemessenen Umgang mit Emotionen zu erlernen, der einen wichtigen Mechanismus für die Regulation der zwischenmenschlichen Interaktionen darstellt. Diese von Erziehungspersonen vorgelebte sowie kommunikativ geförderte Regulationsstrategien werden später zur eigenen Konflikt- bzw. Stressbewältigung genutzt. Kompetentes Erziehungshandeln zeichnet sich außerdem durch gelingende Alltagsbewältigung aus, die nicht zuletzt eine partnerschaftliche Elternbeziehung sowie unterstützende Kontakte aus dem erweiterten familiären sowie außerfamiliären Umfeld erfordert, die die Eltern wiederum zur Steigerung des individuellen und/oder kollektiven Wohlergehens in der Familie zu nutzen wissen.

Psychisch erkrankte Eltern verfügen häufig aufgrund Beeinträchtigung der Fähigkeiten im kognitiven und emotionalen Bereich über eingeschränkte Erziehungskompetenz. Diese äußert sich in Schwierigkeiten bzw. Unvermögen auf die Bedürfnisäußerungen der Kinder angemessen zu reagieren und somit in Unterlassung einer adäquaten Unterstützung bei der Bewältigung von Entwicklungsaufgaben. Daraufhin fehlt den Kindern die Anleitung beim Erlernen eines angemessenen Umgangs mit Emotionen sowie bei der Ausbildung von Interesse für eine entwicklungsfördernde Auseinandersetzung mit der Umwelt. Das Erleben von elterlichem Verhalten auf die für sie unverständliche Art erschwert die Bedingungen des Aufwachsens zusätzlich und hat zu Folge, dass manche Kinder in ihrem Versuch ihre Lebenssituation zu bewältigen (psychiatrisch) auffällig werden. Infolge von ungünstigen Vorbildern, fehlendem Verständnis für die belastenden Lebensereignisse sowie Abwesenheit stützender Bezugspersonen, erleben sie überwiegend negative Gefühle wie Ängste und Aggressionen. Diese belasten wiederum sowohl familiäre als auch außerfamiliäre Beziehungen und erhöhen das Konfliktaufkommen. Im schlimmsten Fall kann ein weiterer Verbleib in der Familie sogar eine Lebensgefahr durch die Folgen eines wahnhaften Erlebens bzw. von Vernachlässigung und/oder Misshandlung darstellen. Da die Familienmitglieder selten in der Lage sind, ein konstruktives Kommunikationsmuster innerhalb sowie außerhalb der Familie zu pflegen, ist der familiäre Halt nicht gegeben, aber auch der Zugang zu den Hilfeleistungen des sozialen Netzwerks versperrt. Für die betroffenen Familien ist dann meist nicht möglich, aus Eigenbemühungen den Krisenzustand zu beenden bzw. dauerhaft die Lebensumstände zu verbessern, um auf die Weise die Gefährdung des Kindeswohls sowie einer positiven kindlichen Entwicklung abzuwenden.

Laut Gesetz wird somit der Eingriff in das Elternrecht legitim und bedeutet für Erziehungsberechtigte meist eine Verpflichtung, wenn die Entscheidung nicht auf Eigeninitiative beruht, die angeordneten Leistungen der Hilfen zur Erziehung in Anspruch zu nehmen. Dabei ist die Einschätzung der Gefährdungssituation der Kinder, aber auch der in der Familie vorhandenen Veränderungspotenziale für die Wahl von Unterstützungsmaßnahmen entscheidend. SPFH eignet sich für die Eltern, die ihre Lebenssituation zum Wohle der Kinder verändern wollen und die für eine Veränderung notwendigen Ressourcen bereits besitzen, aber auch für deren Erweiterung als fähig eingeschätzt werden.

Durch den Einsatz des für die Profession der Sozialen Arbeit üblichen Methodenrepertoires sowie vor dem Hintergrund der geltenden Arbeitsprinzipien unterstützen die FamilienhelferInnen psychisch erkrankte Eltern beim Entdecken und Aneignen von Ressourcen, die für einen gelingenden Erziehungsalltag relevant sind. Die Unterstützung erfolgt im Prozess der gemeinsamen Interaktion im privaten Umfeld der AdressatInnen und ermöglicht den Professionellen die Beobachtung und Analyse deren alltäglichen Kommunikations- und Handlungsstrategien. Auf die Weise ergeben sich Gelegenheiten zur Stärkung der elterlichen Erziehungskompetenz durch das Hervorheben von positiven Erziehungshandlungen, die trotz psychischer Erkrankung vorhanden sind, jedoch von den Eltern aufgrund von massivem Belastungserleben nicht wahrgenommen werden. FamilienhelferInnen leisten Hilfestellung beim Bearbeiten von Problemen, indem sie Problemlösungsstrategien modellhaft sowie beratend aufzeigen, aber auch die Eltern bei der eigenständigen Lösungssuche bzw. beim Erproben von geeigneten Bewältigungsstrategien begleiten. Zu diesen gehören neben der Förderung von Mentalisierungsfähigkeit sowie konstruktiver Kommunikation v. a. im Fall einer psychischen Erkrankung die Krankheitseinsicht und angemessene Krankheitsbewältigung, die es den Eltern ermöglichen sowohl ihre Betroffenheit zu erkennen als auch die notwendige Unterstützung akzeptierend anzunehmen. Aufgrund von Entlastung durch die familiären sowie außerfamiliären Beziehungen, aber auch durch die Besserung des

Gesundheitszustands infolge von medizinischen bzw. therapeutischen Maßnahmen haben die betroffenen Eltern die Möglichkeit, ihr Wohlbefinden zu erlangen und somit eine positive Beziehung zu ihren Kindern (wieder-)aufzubauen sowie eine kindgerechte Kommunikation zu gestalten.

Letztendlich ist zu betonen, dass im Veränderungsprozess eine gelingende professionelle Beziehung eine wichtige Rolle spielt, in der die Bedürfnisse der psychisch erkrankten Eltern ernst genommen werden und sie trotz der für das Umfeld meist inakzeptablen Verhaltensweisen Wertschätzung erfahren. Bedingungsloses Wertschätzen von Seiten der FamilienhelferInnen steigert die Chancen, dass Eltern die ihnen gegenüber erfahrene Haltung an ihre Kinder übertragen und somit die Beziehungsqualität in der Erziehung erhöhen. Die Ausgestaltung der professionellen Beziehung sowie des Hilfeprozesses wird jedoch meist durch die persönlichen Fähigkeiten der sozialpädagogischen Fachkräfte moduliert, die einer Reflexion – kollegial und v. a. von externen Institutionen unterstützt – bedürfen, um Effektivität des Hilfeverlaufs zu gewährleisten.

Weiterhin muss berücksichtigt werden, dass die Handlungsmöglichkeiten der SPFH in der Arbeitsbeziehung mit den psychisch erkrankten Eltern aufgrund der Notwendigkeit von Mitwirkung der weiteren, auf die Zielgruppe spezialisierten Dienste beschränkt sind und somit auch der Erfolg des Hilfeprozesses durch die Qualität deren Ergebnisse beeinflusst wird.

Literaturverzeichnis

Asisi, Vaidilute (2015): Entwicklungsbedingungen im Kontext der Eltern-Kind-Beziehung. Chancen und Risiken in der Interaktion mit Mutter und Vater, Wiesbaden: Springer.

Audehm, Kathrin / Wulf, Christoph / Zirfas, Jorg (2007): Rituale, in: Jutta E-carius (Hrsg.), Handbuch Familie, 1. Aufl., Wiesbaden: Verlag für Sozialwissenschaften, S. 424 – 440.

Bauer, Ullrich / Griepenstroh, Julia / Heitman, Dieter / Pleininger-Hoffmann, Marite / Thome, Janine / Van den Broek, Riki (2013): Einführung. Warum ein Präventionsprojekt für Kinder in Familien mit psychisch erkrankten Eltern?, in: Ullrich Bauer / Martin Driessen / Dieter Heitman / Michael Leggemann (Hrsg.), Psychische Erkrankungen in der Familie. Das Kanu-Manual für die Präventionsarbeit. Arbeitshilfe 29, 1. Auf., Köln: Psychiatrie Verlag, S. 10-39.

Baumeister, Roy / Tierney, John (2012): Die Macht der Disziplin. Wie wir unseren Willen trainieren können, Frankfurt / New York: Campus Verlag.

Blank, Beate (2012): Die Interdependenz von Ressourcenförderung und Empowerment. Der Ressourcenbegriff der AdressatInnen, Opladen, Berlin & Toronto: Budrich UniPress

Bodenmann, Guy (2016): Lehrbuch Klinische Paar- und Familienpsychologie, 2. Aufl., Bern: Hogrefe.

Brandtstädter, Jochen (2011): Positive Entwicklung. Zur Psychologie gelingender Lebensführung, Heidelberg: Spektrum Akademischer Verlag.

Edelmann, Walter / Wittmann, Simone (2012): Lernpsychologie, 7. Aufl., Weinheim Basel: Beltz.

Ehrhardt, Angelika (2013): Methoden der Sozialen Arbeit, 3. Aufl., Schwalbach/Ts.: WOCHENSCHAU Verlag.

Friedrich, Hedi (2012): Beziehungen zu Kindern gestalten, 5. Aufl., Berlin: Cornelsen.

Fuhrer, Urs (2009): Lehrbuch Erziehungspsychologie, 2. Aufl., Bern: Verlag Hans Huber.

54

Gabriel, Barbara / Bodenmann, Guy (2006): Studien. Elterliche Kompetenzen und Erziehungskonflikte. Eine ressourcenorientierte Betrachtung von familiären Negativdynamiken, in: Kindheit und Entwicklung, Göttingen: Hogrefe, Jg. 15, Nr. 1, S. 9-18.

Gazzaniga, Michael / Heatherton, Todd / Halpern, Diane (2017): Psychologie, 1. Aufl., Weinheim Basel: Beltz.

Gehrmann, Gerd / Müller, Klaus D. (2001): Praxis sozialer Arbeit: Familie im Mittelpunkt. Handbuch effektives Krisenmanagement für Familien, 2. Aufl., Regensburg: Walhalla.

Gloger-Tippelt, Gabriele (2007): Eltern-Kind- und Geschwisterbeziehung, in: Jutta Ecarius (Hrsg.): Handbuch Familie, 1. Aufl., Wiesbaden: Verlag für Sozialwissenschaften, S.157-178.

Heitmann, Dieter (2013): Das Gleichgewicht halten. Interaktionskontexte von Kindern depressiv erkrankter Eltern, Wiesbaden: Springer VS.

Helming, Elisabeth (1998): Sozialpädagogische Familienhilfe (SPFH): Begriff und Forschungsüberblick, in: DJI, Deutsches Jugendinstitut; Bundesministerium für Familien, Senioren, Frauen und Jugend (Hrsg.), Handbuch Sozialpädagogische Familienhilfe, 2. Aufl., Stuttgart, Berlin, Köln: Kohlhammer, S. 6-21.

Helming, Elisabeth (1998): Sozialpädagogische Familienhilfe im System der Hilfen zur Erziehung, in: DJI, Deutsches Jugendinstitut; Bundesministerium für Familien, enioren, Frauen und Jugend (Hrsg.), Handbuch Sozialpädagogische Familienhilfe, 2. Aufl., Stuttgart, Berlin, Köln: Kohlhammer, S. 22-43.

Helming, Elisabeth (1998): Methoden und Arbeitsansätze der Sozialpädagogischen Familienhilfe, in: DJI, Deutsches Jugendinstitut; Bundesministerium für Familien, Senioren, Frauen und Jugend (Hrsg.), Handbuch Sozialpädagogische Familienhilfe, 2. Aufl., Stuttgart, Berlin, Köln: Kohlhammer, S. 223-311.

Hundt, Marion (2014): Kindeswohlgefährdung erkennen und vermeiden. Rechtliche Grundlagen für die Praxis, 1. Aufl., Kronach: Carl Link.

Jungbauer, Johannes (2016): Wenn Eltern psychisch krank sind – Belastungen, Entwicklungsrisiken, Hilfebedarf, in: Johannes Jungbauer (Hrsg.), Familien mit einem psychisch krankten Elternteil. Forschungsbefunde und Praxiskonzepte, 2. Aufl., Opladen, Berlin, Toronto: Barbara Budrich, S. 9-43.

Kron-Klees, Friedhelm (2008): Familien wach begleiten. Von der Probleminszenierung zur Lösungsfindung, 3. Aufl., Freiburg im Breisgau: Lambertus.

Lenz, Albert (2014): Kinder psychisch kranker Eltern, 2. Aufl., Göttingen: Hogrefe Verlag GmbH.

Lenz, Albert (2014): Kinder psychisch kranker Eltern – Risiken, Resilienzen und Intervention, in: Michael Kölch / Ute Ziegenhain /Jörg M. Fegert (Hrsg.), Kinder psychisch kranker Eltern. Herausforderungen für eine interdisziplinäre Kooperation in Betreuung und Versorgung, Weinheim und Basel: Beltz Juventa, S. 40-79.

Lenz, Albert / Wiegand-Grefe, Silke (2017): Kinder psychisch kranker Eltern, in: Manfred Döpfner / Martin Holtmann / Franz Peterman (Hrsg.), Leitfaden Kinder- und Jugendpsychotherapie, Bd. 23, 1. Aufl., Göttingen: Hogrefe.

Loch, Ulrike (2016): Kinderschutz mit psychisch kranken Eltern. Ethnografie im Jugendamt, 2. Aufl., Weinheim und Basel: Beltz Juventa.

Lohaus, Arnold / Vierhaus, Marc (2013): Entwicklungspsychologie des Kindes- und Jugendalters für Bachelor. Lesen, Hören und Lernen im Web, 2. Aufl., Berlin Heidelberg: Springer.

Mattejat, Fritz (2009): Kinder psychisch kranker Eltern, in: Fritz Mattejat / Beate Lisofsky (Hrsg.): Nicht von schlechten Eltern. Kinder psychisch Kranker, 2. Aufl., Bonn: BALANCE, S. 68-95

Metzger, Marius / Domeniconi Pfister, Silvia (2018): Arbeits- und Handlungsprinzipien in der Sozialpädagogischen Familienhilfe und Familienbegleitung, in: Zeitschrift für Sozialpädagogik, Jg. 16, Nr. 1, S. 56-71.

Michalek, Ruth (2015): Elternsein lernen. Zur Bedeutung des Normalisierens bei transformativen Lernprozessen, Opladen, Berlin & Toronto: Verlag Barbara Budrich.

Möbius, Thomas (2010): Ressourcenorientierung in der Sozialen Arbeit, in: Thomas Möbius / Sibylle Friedrich (Hrsg.), Ressourcenorientiert Arbeiten. Anleitung zu einem gelingenden Praxistransfer im Sozialbereich, 1. Aufl., Wiesbaden: VS Verlag für Sozialwissenschaften, S.13-30.

Möbius, Thomas (2010): Arbeit mit individuellen Ressourcen, in: Thomas Möbius / Sibylle Friedrich (Hrsg.), Ressourcenorientiert Arbeiten. Anleitung zu einem gelingenden Praxistransfer im Sozialbereich, 1. Aufl., Wiesbaden: VS Verlag für Sozialwissenschaften, S.107-124.

Müller, Hans-Rüdiger / Ecarius, Jutta / Herzberg, Heidrun (2010): Familie, Generation und Bildung. Beiträge zur Erkundung eines informellen Lernfeldes, Opladen & Farmington Hills: Verlag Barbara Budrich.

Paulus, Frank W. (2017): Gesprächsführung mit Kindern – vom Vorschulalter bis zur Präadoleszenz, in: Anita Plattner (Hrsg.), Erziehungsfähigkeit psychisch kranker Eltern richtig einschätzen und fördern, München Basel: Ernst Reinhardt Verlag, S. 115-129.

Petersen, Rieke / Petermann, Franz / Petermann, Ulrike (2017): Feinfühliges Elternverhalten und kindliche Emotionsregulation. Ein systematischer Review, in: Zeitschrift: Kindheit und Entwicklung, Bremen: Hogrefe, Jg. 26, Nr. 3, S. 147-156.

Petko, Dominik (2004): Gesprächsformen und Gesprächsstrategien im Alltag der Sozialpädagogischen Familienhilfe, 1. Aufl., Göttingen: Cuvillier Verlag.

Plass, Angela / Wiegand-Grefe, Silke (2012): Kinder psychisch kranker Eltern. Entwicklungsrisiken erkennen und behandeln, in: Michael Schulte-Markwort / Franz Resch (Hrsg.), Risikofaktoren der Entwicklung im Kindes- und Jugendalter, 1. Aufl., Weinheim Basel: Beltz.

Plattner, Anita (2017): Allgemeine Kriterien der Erziehungsfähigkeit, in: Anita Plattner (Hrsg.), Erziehungsfähigkeit psychisch kranker Eltern richtig einschätzen und fördern, München Basel: Ernst Reinhardt Verlag, S. 13-20.

Plattner, Anita (2017): Affektive Erkrankungen und Angststörungen, in: Anita Plattner (Hrsg.), Erziehungsfähigkeit psychisch kranker Eltern richtig einschätzen und fördern, München Basel: Ernst Reinhardt Verlag, S. 34-61.

Plattner, Anita (2017): Psychotische Erkrankungen, in: Anita Plattner (Hrsg.), Erziehungsfähigkeit psychisch kranker Eltern richtig einschätzen und fördern, München Basel: Ernst Reinhardt Verlag, S. 62-73.

Plattner, Anita (2017): Persönlichkeitsstörungen und -akzentuierungen, in: Anita Plattner (Hrsg.), Erziehungsfähigkeit psychisch kranker Eltern richtig einschätzen und fördern, München Basel: Ernst Reinhardt Verlag, S. 85-103.

Plattner, Anita (2017): Krankheitsunspezifische Auswirkungen psychischer Erkrankungen der Eltern auf die Kinder, in: Anita Plattner (Hrsg.), Erziehungsfähigkeit psychisch kranker Eltern richtig einschätzen und fördern, München Basel: Ernst Reinhardt Verlag, S. 104-113.

Plattner, Anita (2017): Gesprächsführung mit psychisch kranken Eltern, in: Anita Plattner (Hrsg.), Erziehungsfähigkeit psychisch kranker Eltern richtig einschätzen und fördern, München Basel: Ernst Reinhardt Verlag, S. 130-136.

Pretis, Manfred / Dimova, Aleksandra (2016): Frühförderung mit Kindern psychisch kranker Eltern, 3. Aufl., München Basel: Ernst Reinhardt.

Rehder, Michael (2016): Psychisch belastete Eltern in der Sozialpädagogischen Familienhilfe. Ergebnisse ethnografischer Forschung, in: Ullrich Bauer / Wilhelm Körner / Paulo Pinheiro (Hrsg.), Prävention im Kindes- und Jugendalter, Weinheim und Basel: Beltz Juventa.

Remschmidt, Helmut / Mattejat, Fritz (1994): Kinder psychotischer Eltern. Mit einer Anleitung zur Beratung von Eltern mit einer psychotischen Erkrankung, in: Helmut Remschmidt / Andreas Warnke (Hrsg.), Beiträge zur Psychiatrie und Psychologie des Kindes- und Jugendalters, Göttingen, Bern, Toronto, Seattle: Hogrefe.

Riedel, Klaus (2008): Empathie bei Kindern psychisch kranker Eltern, Köln: GwG- Verlag.

Rupprecht, Werner (2014): Einführung in die Theorie der kognitiven Kommunikation. Wie Sprache, Information, Energie, Internet, Gehirn und Geist zusammenhängen, Wiesbaden: Springer Vieweg.

Schattner, Heinz (2007): Sozialpädagogische Familienhilfe. In: Jutta Ecarius (Hrsg.), Handbuch Familie, 1. Aufl., Wiesbaden: Verlag für Sozialwissenschaften, S. 593 – 613.

Schmidtchen, Stefan (2007): Familie, Familientherapie und Beratung, in: Jutta Ecarius (Hrsg.), Handbuch Familie, 1. Aufl., Wiesbaden: Verlag für Sozialwissenschaften, S. 653 – 668.

Schmuhl, Miriam (2016): Väter im Spannungsfeld zwischen männlicher Rollenerwartung und psychischer Erkrankung, 1. Aufl., Wiesbaden: Springer VS.

Schmutz, Elisabeth (2010): Kinder psychisch kranker Eltern. Prävention und Kooperation von Jugendhilfe und Erwachsenenpsychiatrie, Mainz: Institut für Sozialpädagogische Forschung.

Schneewind, Klaus A. (2010): Familienpsychologie, 3. Aufl. Stuttgart: W. Kohlhammer.

Schneewind, K.A. / Böhmert, Beate (2008): Kinder im Grundschulalter kompetent erziehen. Der interaktive Elterncoach „Freiheit in Grenzen", 1. Aufl., Bern: Hans Huber.

Schneewind, Klaus A. / Böhmert, Beate (2016): Jugendliche kompetent erziehen. Der interaktive Elterncoach „Freiheit in Grenzen". Bern: Hogrefe, 2. Aufl.

Schone, Reinhold (2012): Erziehungshilfe im Wandel? - Schutz- und Kontrollkonzepte in der Sozialpädagogischen Familienhilfe. Thema Schutz und Kontrolle in der SPFH?!, in: Forum Erziehungshilfen, Jg. 18, Nr. 5, S. 260-266

Schone, Reinhold / Wagenblass, Sabine (2006): Wenn Eltern psychisch krank sind... Kindliche Lebenswelten und institutionelle Handlungsmuster, 2. Aufl., Weinheim und München: Juventa.

Schrappe, Andreas (2018): Kinder und ihre psychisch erkrankten Eltern. Kompetent beraten, sicher kooperieren, 1. Aufl., Weinheim Basel: Beltz Juventa.

Seithe, Mechthild / Heintz, Matthias (2014): Ambulante Hilfe zur Erziehung und Sozialraumorientierung. Plädoyer für ein umstrittenes Konzept der Kinder- und Jugendhilfe in Zeiten der Nützlichkeitsideologie, Opladen, Berlin, Toronto: Barbara Budrich.

Siegler, Robert / Eisenberg, Nancy / De Loache, Judy / Saffran, Jenny (2016): Theorien der sozialen Entwicklung, in: Sabina Pauen (Hrsg.), Entwicklungspsychologie im Kindes- und Jugendalter, 4. Aufl., Berlin Heidelberg: Springer, S. 117-154.

Siegler, Robert / Eisenberg, Nancy / De Loache, Judy / Saffran, Jenny (2016): Theorien der kognitiven Entwicklung, in: Sabina Pauen (Hrsg.), Entwicklungspsychologie im Kindes- und Jugendalter, 4. Aufl., Berlin Heidelberg: Springer, S. 313-351.

Siegler, Robert / Eisenberg, Nancy / De Loache, Judy / Saffran, Jenny (2016): Emotionale Entwicklung, in: Sabina Pauen (Hrsg.), Entwicklungspsychologie im Kindes- und Jugendalter, 4. Aufl., Berlin Heidelberg: Springer S. 353-396.

Siegler, Robert / Eisenberg, Nancy / De Loache, Judy / Saffran, Jenny (2016): Bindung und die Entwicklung des Selbst, in: Sabina Pauen (Hrsg.), Entwicklungspsychologie im Kindes- und Jugendalter, 4. Aufl., Berlin Heidelberg: Springer, S. 397-438.

Siegler, Robert / Eisenberg, Nancy / De Loache, Judy / Saffran, Jenny (2016): Beziehungen zu Gleichaltrigen, in: Sabina Pauen (Hrsg.), Entwicklungspsychologie im Kindes- und Jugendalter, 4. Aufl., Berlin Heidelberg: Springer, S. 485-527.

Tschöpe-Scheffler, Sigrid (2009): Familie und Erziehung in der Sozialen Arbeit, Schwalbach: Wochenschau Verlag.

Ulrich, Franziska / Petermann, Franz (2017): Elterliche Emotionsregulation als Risikofaktor für die kindliche Entwicklung, in: Claudia Mähler / Ulrike Petermann / Werner Greve (Hrsg.), Kindheit und Entwicklung. Zeitschrift für Klinische Kinderpsychologie, Bremen: Hogrefe, Jg. 26, Nr. 3, 133-146.

Weber, Christoph (2017): Elterliche Erziehung und externalisierende Verhaltensprobleme von Kindern, Wiesbaden: Springer VS.

Weinert Portmann, Susanne (2009): Familie – ein Symbol der Kultur. Perspektiven sozialpädagogischer Arbeit mit Familien, 1. Aufl., Wiesbaden: VS Verlag für Sozialwissenschaften.

Wendt, Peter-Ulrich (2015): Lehrbuch Methoden der Sozialen Arbeit, in: Heinz-Jürgen Dahme / Ria Puhl / Regina Rätz / Wolfgang Schröer / Titus Simon / Mechthild Wolff (Hrsg.), Studienmodule Soziale Arbeit, Weinheim und Basel: Beltz Juventa.

Wiegand-Grefe, Silke / Halverscheid, Susanne / Plass, Angela (2011): Kinder und ihre psychisch kranken Eltern. Familienorientierte Prävention – Der CIMPs- Beratungsansatz, Göttingen, Bern, Wien, Paris, Oxford, Prag, Toronto, Cambridge, Ma, Amsterdam, Kopenhagen, Stockholm: Hogrefe.

Wild, Elke / Hollmann, Jelena (2018): Eltern und Familie, in: Detlef H. Rost / Jörn R. Sparfeldt / Susanne Buch (Hrsg.), Handwörterbuch Pädagogische Psychologie, 5. Aufl., Weinheim Basel: Beltz S. 99-108.

Wilkens, Niklas (2015): Die Kunst der Haltung, in: Sabine Geiger / Sibylle Baumgartner (Hrsg.), Empathie als Schlüssel. Gewaltfreie Kommunikation in psychologischen Berufen, 1. Aufl., Weinheim, Basel: Beltz S. 82-105.

Winkler, Michael (2012): Erziehung in der Familie. Innenansichten des pädagogischen Alltags, Stuttgart: W. Kohlhammer.

Wolf, Klaus (2012): Sozialpädagogische Interventionen in Familien, Weinheim und Basel: Beltz Juventa.

Woog, Astrid (1998): Soziale Arbeit in Familien. Theoretische und empirische Ansätze zur Entwicklung einer pädagogischen Handlungslehre, Weinheim und München: Juventa.

Wissenschaftlicher Beirat für Familienfragen (2005): Familiale Erziehungs-kompetenzen. Beziehungsklima und Erziehungsleistungen in der Familie als Problem und Aufgabe. Gutachten für das Bundesministerium für Familie, Senioren, Frauen und Jugend, in: Sabine Walper (Hrsg.), Grundlagentexte Psychologie, Weinheim und München: Juventa.

Wustmann Seiler, Corina (2015): Resilienz. Widerstandsfähigkeit von Kindern in Tageseinrichtungen fördern, in: Wassilios E. Fthenakis (Hrsg.), Beiträge zur Bildungsqualität, 5. Aufl., Berlin: Cornelsen.

Xyländer, Margret (2014): Die Familie als Bildungsgemeinschaft. Abendrituale in rekonstruktiver Analyse, Opladen, Berlin & Toronto: Budrich UniPress.

Ziegenhain, Ute. / Deneke, Christiane (2014): Entwicklungspsychopathologi-
sche Voraussetzungen der Erlebens- und Verarbeitungsweisen von Kindern psychisch kranker Eltern, in: Michael Kölch / Ute Ziegenhain / Jörg
M. Fegert (Hrsg.), Kinder psychisch kranker Eltern. Herausforderungen
für eine interdisziplinäre Kooperation in Betreuung und Versorgung,
Weinheim und Basel: Beltz Juventa, S. 14-39.